文明的故事

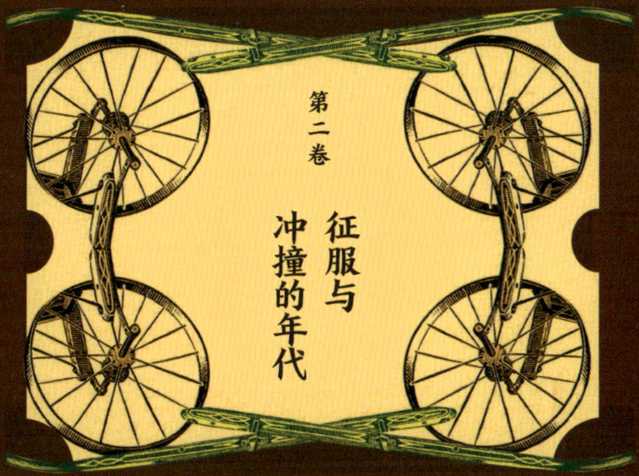

第二卷

征服与冲撞的年代

THE STORY of CIVILIZATION

花木僧——主编
杨盛翔 等——著

新星出版社 NEW STAR PRESS

目录 CONTENTS

中世纪的余响

撬动世界的先声

桅杆之下

不流血的革命

新大陆的奇迹

欧陆的整合

文明的故事

中世纪的余响

THE STORY of CIVILIZATION

维京海盗建立了基辅罗斯

俄罗斯是中国的重要邻国。它的国土大多邻近天寒地冻的北极圈，从地图上看，又恰似一只熊，因此被戏称为“北极熊”。正如北极熊拥有高大、宽厚的躯体一样，现今俄罗斯的国土面积，也位居世界第一。

近代历史中，俄罗斯与中国是一对老相识、老对手、老朋友。

清朝晚期，沙皇俄国曾经使用各种威逼利诱手段从我国割去了 160 多万平方千米的领土。

20 世纪五六十年代，苏联成了新中国的盟友。那时我们将苏联尊称为“老大哥”，因为苏联曾经对新中国的经济建设，给予大力支持。

今天，不怕冷、喝烈酒、性格刚烈的俄罗斯人，在网络上被打趣为“战斗民族”。俄罗斯总统普京度假期间，各种光膀子、秀肌肉，更是被当成了这个战斗民族的标签。

不过呢，任何民族都不是一登上历史舞台，就这么彪悍的。俄罗斯民族也有过弱小的时候，当初的它，甚至需要“请”别人来统治自己。

要讲这段尴尬的历史，还得从俄罗斯民族的历史演变说起。

◆ 乌克兰基辅古城一角——圣安德烈教堂

俄罗斯人属于斯拉夫民族下面的东斯拉夫人的一个分支。具体说来，斯拉夫民族按照分布的地域，分为三个大类：

第一类是往西走的西斯拉夫人，包括今天的捷克人、斯洛伐克人、波兰人，他们与西欧人走得很近，使用西欧的拉丁字母，信奉天主教。

第二类是往南走的南斯拉夫人，其内部比较复杂，包含斯洛文尼亚人、克罗地亚人，像西斯拉夫人一样，热烈地拥抱和学习西欧文化。但塞尔维亚人却在语言和宗教上，酷似东欧斯拉夫人。

第三类，就是留在东欧平原上的东斯拉夫人了，他们与塞尔维亚人一样，使用西里尔字母，信仰东正教。东斯拉夫人又分为三个分支，包含乌克兰人、白俄罗斯人、俄罗斯人。

起初，乌克兰人、白俄罗斯人、俄罗斯人还是一家子，都叫东斯拉夫人。他们的故乡气候寒冷、位置偏远，很不利于生存发展。

直到公元 8 世纪末，当中国早已经历过汉唐盛世，查理帝国业已将西欧重新统一起来的时候，东斯拉夫人还生活在非常原始的部落里。比起造纸、印刷、火药这些发明创造，他们更擅长去原始森林里砍伐树木，在茫茫雪原上捕捉野兽。

直到 9 世纪，东斯拉夫人才终于建立起一系列城市，最大的是诺夫哥罗德和基辅，后者是乌克兰今天的首都。

刚刚建立城市，迎来了文明的曙光，东斯拉夫人却又陷入了激烈的内斗。当时，几个部落首领之间，谁也不服谁，一到天气暖和、庄稼成熟，就装上粮草，套上马匹，带上部落里的年轻人，杀得不可开交。

杀到最后，也没分出个胜负，反而导致东斯拉夫人民的幸福感指数严重下降。

东斯拉夫人不得不开始思考一个终极问题，人生的意义究竟是什么？这么杀来杀去，还要不要打猎、捕鱼、种黑麦，要不要过日子了？

古时候，有人问孟子：天下要怎样才能安定呢（“天下恶乎定”）？孟夫子回答：只有天下统一，才能安定（“定于一”）。东斯拉夫人也通过亲身实践，得出了这一结论。

他们决定不再打下去了，大家坐下来谈判，推选一位大家都认可的领袖，以后就听他的。

可是打了那么多年，大家彼此恨得牙痒痒，选谁都难以让其他人信服。有人一拍脑袋，那谁，我们干脆让瓦良格人来管我们吧。

说起瓦良格人，你可能有点陌生，其实他们还有一个更被世人所熟知的名字——维京人。

维京人生活在北欧，大致相当于今天的挪威、丹麦、瑞典一带，他们家那地儿，比东欧平原还冷，冷到寸草不生，只生活着力大无比、动不动就撞翻小汽车的驯鹿。维京人没有办法，只得背井离乡，走上外出打工

◆ 维京船

之路。

公元 8 世纪，他们找到了两份工作，一是做买卖，二是做海盗。由于第二份工作干得太出彩，导致全欧洲都把维京人与海盗画了等号。维京海盗也成了世界历史上无人不知的一股黑恶势力。

维京人经常光顾的是经济更加发达的西欧地区，比如法兰西、意大利、英格兰。可是眼瞅着西欧已经抢了个遍，他们也不得不开始思考一个问题：明天出海抢谁？

人生不能没有目标，海盗船不能没有航向。突然，他们当中有人一拍脑袋——哎呀，你说我这记性，咱东边还没去呢！

于是，一大波维京海盗顺第聂伯河南下，在辽阔的东欧平原上，继续从事强盗和商人的双重工作。许多东斯拉夫人一不留神，就被这帮维京海盗逮住，往脑袋上套上麻袋，接着便被卖到了拜占庭帝国首都君士坦丁堡的奴隶市场。

东斯拉夫人管这些来东欧的维京海盗，叫瓦良格人。

瓦良格……再听一次这个名字，你可能又会想起什么。对了，是不是瓦良格号航母？我国的第 1 艘航空母舰“辽宁舰”，就是在苏联航母瓦良格号的基础上研制的。苏联解体的时候，瓦良格号的建造进度只完成了 67.3%，我们巧妙地买来这艘半成品，利用它来学习苏联积累数十年的航母建造经验，所以我国的第 2 艘航母，也是第 1 艘独立建造的国产航母 001A 号，只用了不到 4 年时间，便顺利完工。

那么，苏联为什么要把自己的航母，命名为瓦良格号呢？

瓦良格人，不是骚扰自己先祖东斯拉夫人的强盗吗？

没错，瓦良格人的确是骚扰东斯拉夫人的强盗，但除此之外，他们还做了东斯拉夫人的保安。

来到东欧平原的瓦良格人毕竟人数有限，做强盗一时爽，可是一直做强盗却是要掉脑袋的。在与瓦良格人的较量中，东斯拉夫人的战斗力也在不断提升，到后来东斯拉夫人已经摆脱了瓦良格人的肆意蹂躏，甚至把瓦良格人赶回了海上。

在与瓦良格人的战斗中，热衷于内斗的东斯拉夫人逐渐意识到，这帮海盗不仅膀大腰圆，打起仗来不怕死，而且就住在家门口儿，货到付款，立等可取。那么完全可以聘请来做雇佣军，让他们替自己上阵厮杀。

瓦良格人也高高兴兴地接受了这份新工作，这么一来，他们非但可以继续打打杀杀，还有了稳定的高收入。

事实上，他们不仅很快做起了东斯拉夫人的雇佣军，还一路顺道南下，去往小亚细亚，做起了拜占庭帝国的雇佣军。10—11 世纪，拜占庭帝国的军队里，已经出现了一支战斗力强大的瓦良格（拜占庭人读作瓦兰吉）卫队，在一些古代绘画中，这些海盗出身的北欧军人，长着白里透红

◆ 诺夫哥罗德

的皮肤和茂密的大胡子，手里握着李逵式的板斧，一个个五大三粗，一看就是干保安的好身板儿。

就这样，东斯拉夫人与瓦良格人可谓不打不相识，从对手关系变成了主仆关系。

不仅如此，经过深入交流，东斯拉夫人更是惊讶地发现，这帮保安的头脑，绝不像看上去那么简单。他们除了玩板斧，还很擅长做买卖，在领取保安这份薪水的同时，副业也是做得风生水起。

原来，活跃于东欧平原和小亚细亚之间做保安的瓦良格人，同时建立

了连接两地的商路，来回倒腾东斯拉夫人的毛皮、蜂蜜、木材，以交换拜占庭人的玻璃、丝绸、珠宝，做起了赚差价的中间商。

就是在这个时候，东斯拉夫人产生了邀请瓦良格人来统治自己的念头。他们觉得，与其在残酷血腥的内斗中死去，还不如让这帮头脑和四肢都很发达的保安来做自家企业的总裁，带领大伙儿平平安安地共同致富。瓦良格人被天上掉下来的馅儿饼砸中，自然不会拒绝。

公元 862 年，当中国将步入晚唐时，瓦良格人的首领留里克，受东斯拉夫人邀请，来到了东欧平原。他率领亲兵，在诺夫哥罗德登上王公宝座，建立了历史上东斯拉夫人的第一个国家——罗斯。留里克建立的这一政权，也以他自己的名字，被命名为留里克王朝。

◆ 留里克王子去世地点的纪念碑

留里克死后，他的妹夫（或者姐夫）奥列格，又于公元 882 年，率军攻克了南方重镇基辅，把首都从北方海边的诺夫哥罗德，迁到了气候更温暖、土壤更肥沃、交通位置也更优越的基辅。因此，留里克王朝统治下的这个叫罗斯的国家，也被历史学家称作基辅罗斯。

今天俄罗斯、乌克兰、白俄罗斯，都把基辅罗斯视为本国历史的开端。俄罗斯人、乌克兰人、白俄罗斯人，就是古代的东斯拉夫人和瓦良格人的混血儿后代。

从俄罗斯、白俄罗斯的国名上，也可以清晰地看出“基辅罗斯”一词的历史痕迹。

从入侵的海盗到保卫当地人的雇佣军，再到当地人的统治者，瓦良格人在东欧大地上，完成了改邪归正、反客为主的身份逆袭。

最后，基辅罗斯的历史，还一度与东方的历史，交汇在了一起。

公元 1240 年，西征的蒙古勇士，仅用了 3 年时间，就以摧枯拉朽之势，攻灭了衰落的留里克王朝。不久后的公元 1279 年，蒙古大军又攻克了最后一个强劲的对手——南宋政权。

于是，在东欧和东亚，一时间蒙古人都做了新的主人。杭州人和基辅人，便以这样一种意料之外的方式，共同成为蒙古人的臣民。

（杨盛翔）

诺曼征服：英法百年恩怨的起点

讲了这么久，终于到了我们熟悉的英国登场了。

我们常常听英国广播公司（BBC）学英文，观看英超比赛，关注英国王室的八卦。但是在很久以前，这个地方只是一座不起眼的小岛，孤零零地漂浮在大西洋上，与欧洲大陆隔海相望。

恺撒曾经踏上了英格兰南部的土地，所以当时叫不列颠的英国，变成了罗马帝国的一个边疆省份。罗马帝国衰亡后，原本生活在北欧地区的日耳曼蛮族，在公元4—7世纪逐渐扩散到欧洲各地。其中的一个分支盎格鲁-撒克逊人，也趁着罗马人离开的好时机，把这儿变成了自己的地盘。他们就是今天英国人的直系祖先。

日耳曼人老家还留下了一帮留守的小兄弟在今天的丹麦、挪威、瑞典等地继续生活，而他们就是我们前面说到的维京海盗。他们发现，大哥们都去“北上广”发展，不是没有道理的。老家的冰川、雪原生活实在艰难，冬季水面结冰后，连打渔都成了问题。

于是，从 8 世纪到 11 世纪，这帮留守的小兄弟开始了海外扩张之路，他们的对手不是别人，正是早一步占领欧洲各地的自家“大哥”。事实证明，这帮小兄弟的战斗力，丝毫不比大哥们逊色。而这些大哥们出来混太久了，早已经忘记了自己的北欧故乡，他们管这群海盗叫“诺曼人”，其实就是英语单词 Northman，意思是“北方人”。

◆ 阿尔弗雷德大帝

维京人不仅看上了英格兰的财富，还看上了这里的土地，来一次抢了就跑多没意思，他们干脆就赖着不走了，定居了下来。当地的盎格鲁 - 撒克逊人可气坏了，为了赶走这帮海盗，组成大军讨伐，却输得很彻底。眼看英格兰就要变成维京人的土地了，此时，盎格鲁 - 撒克逊人中涌现出一位英雄，名叫阿尔弗雷德，他带领大家，终于遏制了维京人入侵的势头。

尽管如此，阿尔弗雷德的反攻，并没有让英格兰彻底摆脱维京海盗的骚扰。一个世纪以来，已经有相当一部分维京人，在英格兰各地定居，融入了盎格鲁 - 撒克逊人的生活，要彻底驱逐他们是不可能的。因此，阿尔弗雷德与留下的维京人签订协议，在英格兰东部划出一块土地，叫作“丹麦区”（因为这些人当中主要是丹麦人），允许他们在那里继续住下去。后来，盎格鲁 – 撒克逊人与这部分丹麦人互相通婚，融合成了同一个民族，就是今天的英格兰人。

被维京海盗的入侵所困扰的，远不只是英格兰。在阿尔弗雷德大帝与丹麦人激战的同时，公元 885 年，另一伙儿维京人也沿塞纳河而上，围攻了西法兰克王国的首都巴黎。他们的领袖，可能来自丹麦，也可能来自挪威，名字叫作罗洛。尽管最后，罗洛和他手下的海盗没能打进巴黎，但他们却在不远处的法国西北部海岸占领了一大片殖民地，这让西法兰克国王查理三世头疼不已。

迫不得已的查理三世想到了一个主意。公元 911 年，查理三世效仿阿尔弗雷德，也做了个顺水人情，把法国西北部的土地送给了罗洛，还册封罗洛为公爵。罗洛的这块公爵领地，因为罗洛的诺曼人身份，被称为诺曼底。接下来的 100 多年，罗洛和他的子孙，在诺曼底安居乐业，还皈依了基督教，而这正是法国人愿意看到的。

但是，在内心中罗洛的子孙并没有忘记祖先的血性。1066 年 9 月末，时任诺曼底公爵的威廉一世召集手下的所有武士，宣布了一个野心勃勃的计划——他将要亲率大军，强渡英吉利海峡，入侵英格兰。

事情还要从英格兰的王位继承说起。

这年的年初，前任英格兰国王“忏悔者”爱德华驾崩，死后没有留下孩子。围绕王位继承问题，出现了对立的两派：一派拥护王后的哥哥，也就是爱德华的大舅子哈罗德；另一派拥护爱德华的表侄子，也就是这位诺曼底公爵威廉一世。

说起来，威廉一世的理由很牵强。他确实与爱德华有一丝丝血缘关系，爱德华的母亲，是威廉的父亲的姑姑（姑奶奶），属于拐了好几道弯的亲戚。当然，威廉还有另一个理由。他声称，哈罗德的舰队曾经在诺曼底海岸遭遇了海难，当时多亏自己救了哈罗德，而哈罗德为了感恩，曾经向自己宣誓，要把英格兰让给威廉继承。

哈罗德极力坚持自己的宣誓是受了威廉的强迫，不能作数。况且早在爱德华生前，身为国王大舅子的哈罗德就已经掌握实权。老实说，哈罗德的确挺有政治头脑，打仗也很有一手，在英格兰政界人气很高。也因为这些原因，爱德华死后，英格兰的贵族才拥护哈罗德做国王。

◆ 英格兰国王 征服者威廉

可是权力的诱惑太大了，王位岂是能轻易拱手让人的。威廉气急败坏，他调来几百艘大小船只，满载着大军，一鼓作气，登上了英格兰的土地。可是他下船的时候，一不留神，就摔了个倒栽葱。

身后的士兵都呆住了。那是个迷信的时代，自己的主子刚一踏上战场，就头朝下栽倒在地，恐怕不是什么好兆头……

这时候，威廉一世像是那位会写书法的莽张飞，展现出了他性格里粗中有细的一面，他马上反应过来，抓了一把泥土，不慌不忙地站起来。只见他高举双手，向士兵们宣布——

“将士们，告诉大家一个特大喜讯，上帝让我摔这个跟头，是为了让我握住这里的泥土，这说明了啥？说明了，我可以得到整个英格兰的土地！”

多么成功的危机公关啊！大军顿时恢复了士气。不久，哈罗德也进入战场，大战开始了。

在骁勇善战的哈罗德的指挥下，英格兰守军节节胜利，威廉一世距离被赶回海上，只有一步之遥。千钧一发之际，谁也没想到，哈罗德眼睛突

◆ 威廉驶向英格兰

然中了一箭，那一箭射得很深，他再也没能站起来。这是影响历史的一箭啊!

诺曼底军趁机反杀过去，幸运地反败为胜。这就是改变了英国历史的大战——黑斯廷斯战役。哈罗德的意外阵亡，让威廉的胜利来得简单了很多。1066 年的圣诞节，威廉在伦敦如愿坐上了英格兰国王的宝座。

为了纪念他征服英格兰的功绩，人们尊称他为“征服者”威廉，又因为他和手下都是诺曼人，这场征服被称为“诺曼征服”，威廉开创的王朝也被称为诺曼王朝。

突如其来的诺曼征服，几乎将英国的历史一分为二。在 1066 年以后的英国历史，威廉一世开创的诺曼王朝，打下了不可磨灭的烙印。

诺曼底人来到英格兰，也将法国的文化和生活方式带了过来。以语言为例，土里土气的古英语，吸纳了越来越多高大上的法语词汇，尤其是在政治、法律、建筑、文艺、烹饪、服饰等方面，表现尤为明显。据统计，一直到今天，英语中来自法语的词汇，仍占其总数的 1/4 以上。在诺曼征服后的几百年里，法语是英格兰的宫廷用语，许多英格兰国王，比如著名的“狮心”理查，只会说法语。上层人士、达官显贵，乃至于城市中的小资产阶级，都以会说法语为荣。

而也是从诺曼征服开始，英国和法国的历史就紧紧绑在了一起，成了一生的宿敌。诺曼底公爵威廉当上英格兰国王，同时具有诺曼底公爵的头衔，名义上是法国国王的臣子。可是，他还是英格兰国王，实力上并不比法国国王弱，君臣之间实力的失衡，终究酿成了一场大战，一打就是 100

◆ 诺曼征服

多年，那场战争就是著名的英法百年战争。

诺曼征服就像一根纽带，将孤零零漂在大西洋上的英格兰与欧洲大陆联系在了一起，英格兰开始融入欧洲事务，并积极配合法国参与欧陆事务。英格兰还与诺曼底及法兰西其他地区贸易频繁，进一步促进了英格兰与欧陆的交流。但联系不是完全融入，也不是完全同化。英格兰以及之后的英国自诺曼征服之后，走上了与西欧日耳曼其他王朝不一样的发展道路。从民族文化学的角度来看，不列颠原有的日耳曼人的盎格鲁 - 撒克逊文化与拉丁民族的法兰西文化在此融合，形成了日后独具特色的英格兰文化，其宗教、哲学和语言都具有独特性。

（杨盛翔）

汉萨同盟：敢与王国争锋的商人帝国

提到古代商人，大家头脑里出现的肯定是那群前怕山大王劫道，后怕官府重税盘剥，驾着马车拉着货物南来北往的商人形象。脱离了官府的保护他们无法生存，但保护他们的官府又对他们课以重税，真可谓是在官府和盗匪的夹缝中艰难生存啊！

但实际上，也并不是所有古代商人的处境都像上面描述的那样艰难，在约 13 世纪的时候，在欧洲北部的北海和波罗的海周边，还真有那么一群商人，他们不仅打败了一位国王，还迫使他签订了一份有利于经商的条约，那风头真是直逼《天龙八部》里逼迫辽国皇帝发誓不再南侵的乔峰。

更厉害的是，他们不但没有在逼这位国王签下条约之后惹来杀身之祸，反而越来越富，甚至威逼越来越多的国王和他们签订条约。这些实力超群的商人有一个响亮的名号——汉萨同盟。这名字有点耳熟是不是，对了，现如今德国最大的国际航空公司——汉莎航空就是根据这个同盟命名的。

◆ 汉萨同盟的商人进行贸易活动

“汉萨”在日耳曼语中是“集合、集会、集团”的意思。早在 11 世纪，中国还处于宋朝的时候，一些北德意志商人为了保障行商安全，同时维护自身利益，纷纷结成了“汉萨”这种团体，与中国的商帮有些类似。也可以说当时的“汉萨”就是今天商业集团的雏形，但是，他们这些商业集团可不像中国的商帮那样容易被人欺负。

由于当时西北欧没有稳定的政治权威，大小领主各行其是，各自经营着自己的城堡和庄园，但领主庄园的产品非常单一，无法完全自给，因而需要商人在不同的领地和城市之间互通有无。商人的货物要么是生活必需品，需求很稳定；要么是奢侈品，利润很大，因此跑一趟贸易在当时可以获得不菲的收入。

但是，巨额收益的背后往往隐藏着巨大的风险。政治权威的缺乏不仅

◆ 汉萨同盟商人在汉堡

造成地域的割裂，还造成了治安的混乱，山贼盗匪啸聚山林，许多海盗甚至摇身一变自己做国王称霸海上。因此，这些“汉萨”不仅建有自己的武装，还会根据经商的需要，在西北欧各地建立自己的据点和基地，包括商站乃至城市——吕贝克和汉堡就是其中的两个典型代表。

要说这两个城市，那可真是既各有所长，又能优势互补。吕贝克是一个坐拥波罗的海的海港城市，俄罗斯的蜂蜡与皮毛、波兰的小麦、瑞典的铁矿，还有波罗的海的鲱鱼和鲭鱼都会在这里交易集散。但是，在大宗贸易主要靠水运的当时，尽管吕贝克有着天然的海运优势，却无法将自己的货物便捷地运往内陆市场。

而汉堡就不同了，它虽然离海较远，但坐落于易北河畔，连通中欧平原发达的内河水系。更为重要的是，这两个城市相距只有 60 千米，虽说在那个没有汽车的年代，这个距离也算不上是特别近，但若是在平整的道路上用马车运货，四五个小时也能到达。就这样，这两个城市是越看越觉得对眼儿了。

1210 年，它们“义结金兰”，结成了同盟。有了这么一个共同的“大汉萨”庇护，这里的商人们可谓如鱼得水，财源广进。它们不断地把贸易扩展到其他地区，生意越做越大。而周边的那些小城市呢，与其精打细算自己那点小本买卖，不如跟着大佬一起喝酒、一起吃肉，随后也都纷纷效仿加入它们。最终在 1356 年，汉萨同盟正式成立了。

同盟的目标是建立整个北欧的海上贸易霸权，而在通往这个目标的路上，横挡着一个实力强劲的国家——丹麦。在利益面前，双方矛盾不可能化解。商人的汉萨同盟若要完成垄断梦想，就必须击败丹麦国王的势力，这是一场夺取北欧贸易支配权的战争。丹麦和汉萨同盟两者势均力敌，都视彼此为最大的威胁，局势陡然紧张，如一触即炸的火药桶。

1361年，丹麦国王出兵占领了哥得兰岛，洗劫了维斯比城里的所有财富，还屠杀了一些同盟的商人。消息很快传到了吕贝克，针对如何来应对侵略的问题，同盟议会分成了两派：一派以威腾堡为首，认为应该派出舰队，与丹麦人开战；另一派以林伯格为首，主张联合与丹麦为敌的瑞典国王和挪威国王，一起打败丹麦。

威腾堡义愤填膺地大喊道："同僚们，你们觉得丹麦国王犯下如此罪行仅仅是为了一个维斯比城吗？不！这只是个开始！很快！很快！我们的吕贝克和汉堡之间的联系也会被他们切断！到了那时候，我们就只能卑躬屈膝地满足这个暴君所提出的一切要求了！我们不能就这样屈服于暴君！绝对不能！打倒暴君！打倒暴君！"威腾堡的激烈情绪影响了在场的一群热血青年，他们也随着一起呐喊"打倒暴君！""打倒暴君！"

这时，一位年龄稍长10多岁的人站起来示意大家安静，他是同盟里最成功的大商人林伯格。"尊敬的先生们，请听我一言。我们汉萨同盟是为了宗教热忱才团结在一起的吗？是为了惩罚暴君才团结在一起的吗？是为了攫取政治权力才团结在一起的吗？都不是，我们是为了我们的商业利益。打仗那是骑士和领主们的行当，而我们是商人，我们要学会用金钱和谈判来解决问题。"

"难道我们那些同僚的鲜血就白流了吗？"威腾堡不顾一切地大声质问道。

"不，威腾堡先生，我这样做正是为了避免我们的同胞再白白地流更多的血，让我们和瑞典人、挪威人联合起来。举起战旗是件很容易的事，但想要有尊严地放下它却很难。"林伯格寸步不让。

听完两人的争论，议长普莱斯科发话了："我看两位先生都言之有理，不如这样，首先，我们要组织舰队，加强商贸巡航，避免类似的流血事件再次发生；其次，向丹麦国王提出抗议与警告；最后，再悄悄地向瑞典国

◆ 汉萨同盟古城吕贝克

王和挪威国王表达我们的意图。”议会最终通过了普莱斯科这个折中式的意见。威腾堡成为舰队总司令，林伯格和普莱斯科负责与瑞典和挪威的谈判。

不久，汉萨同盟抗议的消息就传到了丹麦宫殿，国王哈哈大笑：“一群蠢笨的商人，敢对本王抗议？你们也配！还敢组织舰队？哈哈哈！本王就让你们看看，什么是不可挑战的权威！”随后，老奸巨猾的丹麦国王故意散布出假消息：国王为了镇压贵族叛乱，大举调兵回国，松德海峡的丹麦城池赫尔辛堡无人看守。果然，年轻气盛的舰队总司令威腾堡就这么上钩了。他认为袭击赫尔辛堡是报复丹麦人洗劫维斯比城的好机会，殊不知已经掉进了丹麦国王设下的陷阱！

威腾堡率兵入侵赫尔辛堡，结果刚刚上岸就遭到了城内丹麦军团的伏击，慌乱之下，当他们撤回岸边时才发现，自己的船只此刻也已经成为丹麦人的囊中之物。可怜同盟中的这些将士，就这样，要么成了刀下亡魂，要么成了丹麦人的阶下囚。

耻辱溃败的消息传到了吕贝克，威腾堡也在群情激愤下被处死了。然而，接连两次的失败依旧没有磨灭这个商人同盟的意志，反而让他们越挫越勇。这一次，汉萨同盟吸取教训，重新组织舰队。一方面在丹麦国内煽动贵族叛乱；另一方面，积极拉拢瑞典和挪威以获取支持。在做好了这些准备工作后，同盟将领趁丹麦国王忙于镇压国内贵族叛乱之际，直接发兵丹麦首都哥本哈根。这一年是 1368 年，也就是朱元璋建立明朝的那一年。果然，毫无准备的丹麦国王无奈之下只得仓促组织舰队应战，结果，汉萨同盟大胜。

不可一世的丹麦国王在慌乱之下放弃首都四处逃窜，一边逃跑一边还派出使节到吕贝克，企图与汉萨同盟谈判求和。作为同盟议会议长，普莱斯科不仅要求丹麦国王永远保障汉萨同盟的贸易自由与安全，还要求此后丹麦国王的人选需要经过汉萨同盟的同意。自顾不暇的丹麦国王只得接受了这些丧权辱国的条款。从此，汉萨同盟称霸北海与波罗的海。后来，他们又灵活运用各种手段，逼迫挪威和波兰国王也签订了类似的条约。

纵观中外历史，像汉萨同盟这样敢与国王争锋的商人集团实属罕见。也正因为如此，它才赢得了“商人帝国”这个世界历史上绝无仅有的美誉。

（韩毅）

瓦特·泰勒起义无法改变英国农民地位

农民起义是贯穿我国古代历史始终的一个重要现象。自陈胜、吴广喊出那句著名的“王侯将相宁有种乎”揭竿而起以后，毫不夸张地说，历朝历代发生的农民起义，简直不胜枚举。远的有绿林、赤眉、黄巾、瓦岗，近的有宋江、方腊、李自成、张献忠、太平天国和捻军。

许多农民起义发展为大规模的农民战争，甚至促成了改朝换代。朱元璋被誉为中国古代开国皇帝里得位最正的一个，因为他就是通过农民起义，实现了由破产农民向真龙天子的身份逆袭。

在西方历史上，也发生过农民起义吗？那里的农民起义，是否也对历史起了重要作用？

西方的确发生过农民起义，但是数量极少，更没有发挥过像在我国古代那么重要的历史作用。以中世纪的西欧为例，一千多年间规模还算比较大的农民起义，一共只发生过这么三次：

1358 年法国扎克雷起义；

1381 年英国瓦特 · 泰勒起义；

1524 年德国农民起义。

这里面只有德国农民起义，算得上是狂风暴雨，稍微有一点儿我国古代农民起义的风范。

至于前两次起义，都是参与人数较少，波及范围较小，持续时间也较短。但是，它们也各自具有独特的意义。

以瓦特 · 泰勒起义为例。这次起义之所以爆发，其实与大时代的历史背景很有关系，也就是说，具有一定的偶然性。

什么历史背景呢？

这可能有一点难猜，是黑死病。或者说，是由黑死病引发的社会经济制度的变动。听起来疾病和社会经济制度，是不是有一点风马牛不相及？

◆ 席卷欧洲的黑死病“鼠疫”

◆ 14 世纪因欧洲鼠疫烧死犹太人的场景

从 1348 年开始蔓延整个欧洲的黑死病，至少导致 1/3 以上的欧洲人突然死亡。据当时的记载显示，一些村庄转眼之间就没有了人烟，整片整片的土地上看不到一个人。

黑死病过后，欧洲人口数量骤减，这导致了一个问题，就是劳动力的极度短缺。这就使得劳动力成为稀缺资源，劳动所能换取的报酬大大提升了。

中世纪的英国乃至整个西欧都是封建社会，大量农奴被束缚在庄园主的土地上。他们渴望获得自由，成为自由民，黑死病后的劳动力短缺，给了他们翻身的机会。

当时，大量农奴逃出庄园，逃往远方的城市扎根。那里的工商业正在迅速发展，再加上人手不够，可以开出很高的工资。而且按照当时的欧洲法律，无论你以前是什么身份，只要在城市里居住满 1 年零 1 天，就将自动获得自由，成为一个与大家一样的市民。当时有一句谚语："城市的空气使人自由。"说的就是这个意思。

既然如此，与其在庄园主的土地上当牛做马，何不试试运气，去城市里面闯荡一番呢？那个年代毕竟是一个好光景，大部分进城务工的农奴，最后都挣到了钱，顺顺利利地变成了城市人。

如果你不想去城市，也有办法实现自由。你可以换换工作环境，从这家庄园跳槽去那家庄园。当时，每一家庄园都没有足够的人手种地，庄园主自然不愿意看着土地抛荒，因此只能想尽办法，挖其他庄园的农奴来自己这里耕种。

在中世纪，庄园主老爷之间有一条潜规则，就是不能到他人的庄园里贴招工告示，那是拆别人的台，是违背封建道德的。但是到了这会儿，眼看劳动力就那么点儿，谁也顾不上礼义廉耻了。许多庄园主鼓励其他庄园的农奴到自己这里来工作。为了吸引农奴，就要开出优厚的条件，比如分多少地，保护农奴的人身安全，甚至干脆授予他们自由，让他们从此以后以自由农的身份，为自己干活儿。

一旦有人开了这个先河，授予农奴自由，那些生怕自己的农奴被挖墙脚的庄园主，就也扛不住了，他们只能效仿竞争者的做法，也授予自己的农奴自由。

由此，不管是去城市工作，还是留在庄园里，农奴纷纷获得了解放，农奴制在英国和整个西欧，面临着加速瓦解的趋势。

但是，这个过程并不是一蹴而就的，终究跨越了很长时间。在英国，政府甚至逆历史潮流而动，先是强行把工资水平限制在黑死病发生前的水平上，接着又一度通过强制手段，维护庄园主的利益，把农奴困在庄园

◆ 西欧庄园

内，禁止他们逃亡。

在这样的大背景下，瓦特·泰勒起义爆发了。

1377 年，正值英法百年战争时期，年轻的英王理查二世为筹集对法战争的军费，宣布开征人头税，每个成年男子，无论贫穷还是富有，都要缴纳 4 个便士。1381 年 5 月 30 日，一个名叫约翰·班普顿的官员，在埃塞克斯郡强行征收人头税时，引发了农民的反抗，起义的火焰也在埃塞克斯郡被点燃。

与中国古代的许多农民起义军相比，这支起义队伍实在是乌合之众，组织程度很低。大批农民是从四面八方聚到一起，想要去伦敦同国王谈判。他们的另一个主要目标，是沿途捣毁束缚自己的封建庄园，烧掉能够证明自己的农奴身份的契约文件。

6 月 13 日，他们攻入伦敦，然后打下了监狱，烧毁宫殿，到处杀人放火。但凡与王室和政府有关系的人，他们见一个杀一个，还把死者的首级挑在长矛上，游街示众。

当时在位的理查二世只有 14 岁，但表现得倒是十分英勇。在大法官和财政大臣都被起义军杀死之后，他于 6 月 15 日参加谈判，亲自与起义领袖瓦特·泰勒见面。谈判过程中，伦敦市长使了个阴招儿，趁人不备，冷不丁拔出剑来，把起义领袖瓦特·泰勒刺死了。

关于这位瓦特·泰勒的生平，尤其是早年的事迹，我们几乎一无所知，他是在起义过程中被推举为领袖的，可能只是临时选出来的谈判代表，无法与我国历史上陈胜、吴广相提并论。

瓦特·泰勒死后，起义军顿时乱成一团，局势一度非常危急。没想到小国王理查很有魄力，当场振臂高呼："你们的领袖已经死了，请你们跟我走吧，我就是你们的领袖！"农民们果然跟着他离开了伦敦。等走得足够远时，理查又对农民们说："你们的要求，我已经全都了解了，请你们回家吧，我会满足你们的要求！"结果，起义队伍就这么散了。

当然，随后又爆发了一些零星的战斗，政府军还对一些起义分子展开了报复，但死难者不多，有学者估计，可能只有 1500 人丧生。这种起义的规模和残酷程度，与我国历史上的农民战争实在无法相比。

瓦特·泰勒起义最大的历史遗产之一，可能是另外一位起义领袖约翰·保尔留下的一句名言："当亚当耕田，夏娃织布之时，谁是绅士，谁为贵族？"约翰·保尔是一名有文化的神父，他这句话，旨在拿基督教想象中的大同世界，来鼓励起义者们追求平等。在某些角度上，这句话与陈胜的"王侯将相宁有种乎"颇有神似之处。

那么为什么西方几乎没发生过什么大规模的、成功的农民起义？是因为基督教的存在，淡化了西方人的反抗意识；还是因为西欧国家很少进行戍边运粮、修长城、建大运河这类大规模公共建设，没有给农民制造聚众起义的机会；或是因为西欧国家的国土太小，起义军没有回旋余地，很容易被镇压；抑或因为中世纪的农民受教育程度不高，缺乏组织能力吗？

这些因素可能都起到了一些作用，但最重要的原因恐怕不在于此。

根本原因还在于社会结构。中世纪的欧洲没有出现过废封建、设郡县的秦始皇，是真正的封建社会，存在森严的等级秩序。这种千层饼式的社会结构，导致各地的资源与人口很难串联起来，形成大规模的群众运动。

中国古代王朝虽多，秦始皇统一天下，设置郡县之后，却是“百代皆行秦政制”，权力一竿子插到县一级，从皇帝的角度来看，集权的程度比欧洲高得多。但从另一种角度来看，造反者想要直达权力顶层，难度也降低了许多，因为中间再也没有贵族阶层的阻碍。我国所有的农民起义都发生在秦朝以后，就是有力的证据。

在西欧，庄园里的农奴如果不满，会把矛头指向庄园主，而不是国王。国王把土地分封出去之后，本着封建社会“我的封臣的封臣，不是我的封臣”的原则，国王就跟社会基层没关系了。底层人民造起反来，顶多把自己家地主老爷的房子烧了，不会把怨气撒在遥不可及的国王身上。其实，就算是隔壁的庄园，也跟他没关系了，那里的庄园主假如是个宅心仁厚的君子，他家的农奴，恐怕还对主人感恩戴德呢。这样一来，想要一呼百应、揭竿而起，就没那么容易了。

非但中世纪的西欧很少发生全国性的农民起义，实行封建制度的古代日本，以及秦朝以前的古代中国，也是如此，所以，大规模农民起义是否频繁发生，也许不太受到人性、文化的影响，而更可能与当地的社会经济制度大有关系。

（杨盛翔）

法国版『花木兰』：圣女贞德的抗英斗争

“唧唧复唧唧，木兰当户织。不闻机杼声，惟闻女叹息。”这诗句选自我国古代著名的乐府诗《木兰辞》。

花木兰女扮男装替父从军的故事可以说在中国家喻户晓，经过迪士尼影片的演绎，在西方也广为传播。

世界历史上有很多类似的巾帼不让须眉的故事。在中世纪的法国就有这样一位女英雄，她的事迹也被法国人代代传颂，这个女英雄叫贞德。

贞德生活在英法百年战争期间。英法这两个国家在历史上一直纠缠不清，原因错综复杂，包括贸易竞争、领地归属，还有王权竞争等。1337年，中国正处于元朝的中后期。这年冬天，因为王位继承问题和领土问题，欧洲的两个世仇国家开始了打打停停的战争，一打就是116年，这是世界上持续时间最长的战争。

战争的大部分时间，英国都处于优势。到了15世纪20年代，法国北部和西南部大片地区，都处在英国和它的盟军勃艮第人的控制之下。到了1428年，中国都改朝换代，进入明朝初年了，英格兰军队依旧继续在向法国南部进军，开始围攻法国军队占领区的最后一座要塞奥尔良——对，据传是烤鸡翅的发源地。

奥尔良是通往法国南部的门户，一旦奥尔良失守，就意味着法国会全面沦陷，法国的命运岌岌可危。

◆ 贞德肖像

因为长期的战败，法国军队的士气严重受挫，贵族们竟没有一个人敢去率兵解救奥尔良要塞。而英军气势正旺，兵围奥尔良 200 多天，就等着法国缴械投降，将胜利的旗帜插遍法国了。

可是也许上帝真的不想让法国就这样从地球上消失。就在法国太子查理一筹莫展的时候，一位名叫贞德的少女为法国带来了希望。

贞德虽然是一个普普通通的农家女孩。但是她自幼习武，从小就目睹了英军在家乡烧杀抢掠的恶行，立志要加入保卫国家的队伍。与木兰替父从军不同，贞德是主动请缨。她女扮男装穿过广阔的英军占领区域，直接要求与法国太子查理见面。贞德告诉查理："我在过去的 1 年里曾经多次看到神迹，多次听到上帝的话语，主告诉我，我可以拯救法国的危难，并且指示我，想要解救法国就要先解救奥尔良城。"

"嗯，你一个女孩子来拯救法国？"太子查理不太相信。

对于这段历史，传说大于历史记载，对于查理的反应，我们只能猜测。对于贞德的话，查理太子应该是半信半疑，这名少女虽然体格健硕、英姿不凡，但是毕竟只有17岁，既没有受过专业的训练，也没有任何战斗经验。也许是到了最后的生死关头，再也无计可施了，另外也许是查理本人对基督教虔诚的信仰，他相信上帝不会对法国人民弃之不顾。他选择相信贞德，并赐予她特制的盔甲和战袍，还给了她一面绣了百合花和天使的旗帜，代表和平和希望。

查理将国家的命运交到了一个少女的手中。虽然他此时认为是交到了上帝的手中。

和十字军东征中，耶稣的长矛在耶路撒冷围城时的作用一样，贞德也充分发挥宗教在战争中的作用。当时太子查理派给了贞德7000名士兵，出兵前，她先进行了一番振奋人心的演讲，告诉大家上帝真切地告诉她，即将赐福给这片土地，她还派出了一队教士走在最前面，高唱着赞美诗和圣灵之歌。

士兵们听到贞德的演讲，开始有了信心，真的认为上帝会站在法国这边。正如罗伯特·波西格曾经说过的：一个人的妄想是精神错乱，而群体的妄想就变成了宗教。

接下来，贞德率领重整士气的军队来到奥尔良城外。奥尔良城的面积很大，贞德深知英军不可能在围城上做到滴水不漏，因此她开始进行缜密的侦察。果然，英军在奥尔良城东侧的圣卢普要塞防守最弱，贞德决定从这里攻入奥尔良。但是只靠7000人强攻还是力量太弱，贞德选择了里应外合的方法。她先派人给奥尔良城内的法军送去密报，让他们配合从城里攻击圣卢普要塞。当城内的法军对圣卢普要塞发起进攻，城内英法双方打得不可开交的时候，贞德率领军队突然在城外出现，英军被里外夹击，而英军坚守的几处要塞都相距甚远，圣卢普还没有等到救援就被法军攻陷，

◆ 贞德率军攻打城市的战斗场景

贞德顺利地进入了奥尔良城。

首战告捷，振奋人心。

当骑着白马的贞德在锦旗的前导下，进入奥尔良城的时候，全城军民燃着火炬来迎接这个奥尔良的救星——上帝派来的救星。

在此之前还有很多人对这个小姑娘的话有所怀疑，但是经此一战所有人都开始相信她就是上帝的使者。奥尔良人把贞德看作上帝的恩赐和怜悯。

虽然法军仍然处于弱势，但有了贞德以后，他们开始有信心打败英军。与之相反的是英国的士兵们，关于贞德被上帝庇护的传言已经在军中传开。英军非常担忧，如果上帝站在法军一边，那么说明他们会被上帝抛弃，英军的士气大不如前，战斗力也随之下降。

英勇的贞德决定一鼓作气攻破英军的其他几座要塞，还是同样的策略，勇气加上上帝护佑的神话，不久，法军在贞德的率领下打退了围城的英军，奥尔良终于解围了。

奥尔良战役的胜利让法国人终于找到主场的感觉，他们不再莽撞无序地徒劳冲撞，战术日益灵活，信心逐渐恢复。其实法国人的敌人从来不是英国的弓箭手，而是他们自己的胆怯。贞德的出现唤醒了法兰西人的信心和勇气。

贞德率领军队乘胜追击，势如破竹。在这一年的 7 月，攻下了兰斯。兰斯是历代法国国王举行加冕典礼的地方，兰斯的解围意味着太子查理终于可以名正言顺地加冕了。由于他是第七位叫查理的法兰西国王，所以被称为查理七世。

正当国家迎来了胜利的曙光时，它忠诚的战士却被诋毁。贞德鼓舞了法国人的斗志，却不知道自己也招致了四方的仇怨。首先英国人把贞德看

◆ 贞德雕像

成眼中钉，其次是勃艮第人也把贞德看成是绊脚石，就连查理七世身边无能的近臣都嫉妒贞德的功勋。英国人到处散布谣言，说贞德是女巫。1430年，贞德被勃艮第公国俘虏，英国人出重金“引渡”了贞德，并在宗教裁判所判处她为异端及女巫罪，查理七世本可以花钱把立下赫赫战功的贞德赎回法国，但是他并没有这么做。贞德于 1431 年 5 月 30 日在英军占领下的法国鲁昂被当众处以火刑。

20 年后，英国军队被彻底逐出了法国，教皇重新审判贞德的案子，才为她平反。1920 年，贞德被梵蒂冈封圣，史称圣女贞德。

在法国即将覆亡的时刻，贞德这个 17 岁的少女站了出来，在那个民族国家还没有形成的时代，她或许不会有明确的为法国自由而战的思想，但是从客观上讲，她确实在一定程度上塑造了法兰西的民族认同，为后世法国真正意义上的民族国家的形成奠定了基础。法国学者皮埃尔·米盖尔提到："从此，北方的法兰西人都知道他们又有了一位国王，贞德的信念感染了整个民族。从此以后，光复国土不仅是争夺封邑的诸侯们的责任，而成了整个国家的义务，上帝派来的使者使这个国家在一种神秘的感情中团结起来了。"

在我个人看来，也许可以这样理解：不是法兰西民族诞生了以贞德为代表的民族精神的标杆，而是像贞德这样的标杆塑造了法兰西民族。后来的法兰西皇帝拿破仑对贞德有很高的评价，认为她是法国的救世主。她的贡献不仅在于赢得了当时的战争，还在于为现代意义上"法国"的诞生奠定了基础。

贞德的死彻底激怒了法国人，法军开始进行大反攻，一改之前的颓势，最终取得了百年战争的胜利。但其实是一个两败俱伤的结果：百年战争和从法国带回的黑死病让英国人死了一半，法国更是损失了 2/3 的人口。按比例算，英法的人口损失远远大于"一战""二战"的任何一个参战国。由于对法国战争的失败，英国王室发生了政坛地震，金雀花王朝、兰开斯特王朝相继结束。

当然也有比较积极的一面。除了法国，英国的民族意识同样开始觉醒，来自法国的英国王室切断了和法国的联系。国王的配偶，除了后来的查理一世都不再来自法国。英语从下层人的语言，逐渐变成全民的语言，最后将法语淘汰出英国。英国让欧洲见识到了岛国的军事实力，从冷兵器时代过渡到热兵器时代。英国也吸取了教训，从此不再和欧洲强国进行硬碰硬的战争，在欧洲施行“大陆均衡”政策，转往海外发展，逐渐成为全球最大的帝国。

总之，百年战争改变的不只是英法两国的发展进程，它还改变了整个欧洲的局势，进而出现日不落帝国，重新定义了整个世界格局。

（杨盛翔）

德古拉伯爵：抵抗土耳其人的吸血鬼

本章的故事与西方世界著名的吸血鬼德古拉伯爵有关。因为接下来的内容可能有些血腥阴森，我们先讲三个段子缓和一下气氛啊。

提问：德古拉伯爵，为什么不吃川湘菜？

回答：因为他只吃 blood（鲜血）。

相传，德古拉伯爵，就喜欢趴在人的颈部动脉上，痛饮汩汩流出的鲜血。

你也许要反问：德古拉伯爵喜欢吃血，那他不喜欢吃什么？

回答：德古拉伯爵不喜欢吃大蒜，因为德古拉有三怕：大蒜、阳光、十字架。

再来看一个——

提问：德古拉伯爵的外号是什么？

◆ 罗马尼亚古迹

回答：他的外号是老铁。因为，“扎心了，老铁！”

这些段子，都与传说中德古拉伯爵的历史原型有关。吸血鬼德古拉伯爵的原型，就是喜欢动用“穿刺”这种酷刑，把战俘插到一根尖木桩上。

古代罗马尼亚大公弗拉德三世，人送外号“穿刺者”（Vlad the Impaler）。

从历史人物弗拉德三世，到文学形象德古拉伯爵，当中的艺术升华，来自一部吸血鬼题材的著名小说——《德古拉》（*Dracula*）。

1897 年，此前名不见经传的爱尔兰作家布兰姆·斯托克创作了一部长篇小说《德古拉》。它问世后不久，便成为首屈一指的畅销书。凭借这部小说，斯托克一夜爆红，把名字如愿留在了文学史上。

《德古拉》是一部题材新奇的小说，全书从不同人物的视角出发，运用书信、日记、口述等方式，讲述了一个弥漫着哥特风情的恐怖故事。

书中主人公乔纳森因为工作关系，被派往罗马尼亚的特兰西瓦尼亚，处理德古拉伯爵的房产问题。这处房产就是故事的发生地德古拉城堡。不料，蒙在鼓里的乔纳森，实际上已经落入陷阱。刚到那里，乔纳森就发现德古拉伯爵身上有很多怪异之处。然而，还没等乔纳森查明原因，他就被德古拉伯爵关入了古堡。

原来，德古拉伯爵就是传说中的吸血鬼。德古拉伯爵先后袭击了乔纳森的未婚妻米娜，以及米娜的好友露西。露西被德古拉伯爵吸干了鲜血，被吸血鬼吸过血的人都会变成吸血鬼。米娜也因而险些变成吸血鬼。德古拉伯爵的计划正徐徐展开，他要一步步征服全世界。多亏乔纳森、米娜、吸血鬼猎人范海辛与德古拉伯爵斗智斗勇，终于冒着生命危险刺中了德古拉伯爵的心脏，将他变为了一缕尘烟。

斯托克的小说《德古拉》大获成功，成为此后所有吸血鬼小说的范本，多次被改编成影视剧、舞台剧，影响了一代又一代读者。《福尔摩斯探案全集》的作者柯南·道尔赞叹道："《德古拉》是我多年以来读过的，描写妖魔鬼怪的小说里，最好的一部。"

得益于这部作品的意外走红，罗马尼亚的特兰西瓦尼亚更是成了闻名世界的"吸血鬼之乡"。小说的主人公德古拉伯爵，面色苍白、举止怪异，和他的历史原型弗拉德三世，确实有相似之处。

说起这位真实的历史人物弗拉德三世，他可是罗马尼亚乃至于东欧历史上的传奇人物。1431 年，他出身贵族世家，父亲是瓦拉几亚公国大公。不幸的是，当时的公国受到处于快速扩张中的奥斯曼帝国步步紧逼，被迫称臣纳贡，国家危在旦夕。

1442 年，奥斯曼帝国已成为东南欧一带的主人。在土耳其人的威胁下，弗拉德的父亲被迫将弗拉德和他的弟弟拉杜二人，送往奥斯曼帝国做人质，以证明瓦拉几亚公国对奥斯曼帝国的忠诚。此时的弗拉德，刚刚

◆ 罗马尼亚吸血鬼之乡——特兰西瓦尼亚

11 岁。

更糟糕的是，瓦拉几亚公国好不容易被土耳其人网开一面，1447 年却遭到了匈牙利的入侵。弗拉德的父亲和长兄，都在这场入侵中惨遭杀害。理论上本应由弗拉德继承大公的位子，匈牙利人却把弗拉德的一个堂兄弟扶上了瓦拉几亚大公的宝座。

接下来的十几年中，奥斯曼帝国、匈牙利以及瓦拉几亚公国之间，爆发了错综复杂的斗争。正是在这场大乱斗中，弗拉德展现出了乱世枭雄的本色。在先后骗取了奥斯曼帝国和匈牙利的支持后，1456 年，25 岁的弗拉德在战场上结束了自己堂兄弟的性命。紧接着，他乘胜追击，向各股反对势力高举屠刀，表现出了嗜血的一面。

有一次，他派兵突入多个造反的村庄，把村民抓到一起，带回特兰西瓦尼亚，像烧烤时制作肉串一样，把人们一个个插到尖木桩上。

反抗者被吓掉了魂儿，再也不敢轻举妄动。

从 1456 年到 1462 年，弗拉德基本上把祖传的瓦拉几亚地区，重新握在了自己手里。他成为名副其实的瓦拉几亚大公，史称弗拉德三世。

◆ 穆罕默德二世

眼看弗拉德的势力越来越大，奥斯曼帝国开始产生疑心，土耳其苏丹命令弗拉德像他父亲所做的那样，对自己称臣纳贡。然而，弗拉德习惯性地把土耳其苏丹派来的两名使节也插到了尖木桩上。

1462 年 2 月，他甚至主动出击，攻入奥斯曼帝国的领土，残杀了数万名土耳其人及其保加利亚仆从军。

此时在位的土耳其苏丹，正是攻下君士坦丁堡灭亡了拜占庭帝国的“征服者”穆罕默德二世。战无不胜的穆罕默德，哪里受过这种侮辱，当即率大军进攻。

不承想脑回路非同一般的弗拉德不仅没有投降，反而在 1462 年 6 月的一场伏击战中，企图活捉穆罕默德二世。虽然计划没能得手，却如愿以偿地起到了恐吓的效果，迫使不可一世的土耳其人主动撤离了瓦拉几亚。

不过，当年的奥斯曼帝国实力雄厚，很快便卷土重来，而且扶持了弗拉德的弟弟，当年与弗拉德一起在奥斯曼帝国做人质的拉杜，让兄弟俩自相残杀。1462 年年底，面对弟弟和土耳其人的大举进攻，弗拉德只得前往匈牙利避难。这个决定，是弗拉德一生的转折点。他被笑里藏刀的匈牙利国王软禁了起来，一关就是 13 年。

被关在匈牙利的这段日子里，弗拉德的名声开始传遍大半个欧洲。许多充斥着真真假假的故事，开始在东欧以及德意志、意大利传开，他所犯下的种种暴行，他敢于对让全欧洲胆寒的奥斯曼帝国主动出手的行为，经过添油加醋，成为欧洲人民茶余饭后喜闻乐见的谈资。

雪上加霜的是，他的妻子也在这段时间里自杀了，原因至今众说纷纭。直到 1475 年夏天，已经 44 岁的弗拉德三世才重新获得了自由。匈牙利人释放了弗拉德，因为面对奥斯曼帝国的猛烈进攻，他们意识到只有弗拉德这个魔鬼才能震慑住土耳其人。

弗拉德三世像终于被放出牢笼的猛虎一样，立刻扑向了土耳其人，取得不少胜利。直到 1477 年 1 月，在一次战斗中弗拉德出人意料地倒在了战场上。

弗拉德三世还活着的时候，他的人设已经十分复杂——他既是罗马尼亚的民族英雄，也是率领当地人民抵抗土耳其、匈牙利侵略军的战神，又是贪恋权力、血腥镇压民众起义的刽子手。他具有高超的军事能力和外交才华，能够克敌制胜、化敌为友；同时却又不择手段，不惜动用最残忍的酷刑，来惩罚顽固的反对者。

他是勇敢的狮子，也是狡猾的狐狸，更是残酷的饿狼。

也许是因为手上沾满鲜血，弗拉德三世被斯托克选中，成为吸血鬼德古拉伯爵的原型，成为西方世界不朽的文学形象。

而在历史的长河中，罗马尼亚反抗奥斯曼帝国的战斗，反映了欧洲民族国家的觉醒。弗拉德三世作为一名基督教徒，敢于抵抗外部侵略，不仅仅是为了保卫国家，在一定程度上也有保卫信仰、保卫基督教文化的目的在里面。

（杨盛翔）

游牧民族最后的辉煌：帖木儿帝国

中亚草原就像是欧亚大陆深处的一个暗箱。因为他们一般没有文字，也就没留下历史文献。所以平日里，周边的国家并不知道里面发生了什么，只有等到某一次，草原上突然涌现出一位绝世英雄，杀将出来，统一了各部落，给周边的农耕民族造成极大冲击，他们的史官才会拿笔记下这可怕的旋风。大部分时间里，草原之上，苍茫大地，到底谁主沉浮？谁也说不清楚。

中亚草原登上历史舞台，往往伴随着一位位枭雄的生平展开。西方世界知道匈奴人，是因为“上帝之鞭”阿提拉抽打过来；知道突厥人，是因为塞尔柱和奥斯曼一世横扫而来；知道蒙古人，是因为成吉思汗和他的黄金家族裹挟着威胁杀来……这些人物每一个都是当时影响世界的草原霸主。但他们都不是今天我们要讲的主角。今天的主角叫作帖木儿。

在世界史研究领域，帖木儿及其子孙所生活的时期是一个重要的时期，甚至有人说过，从那以后，真正意义上的世界历史才开始。

◆ 帖木儿雕像

当时的欧洲，正处于欧洲中世纪的后期，拜占庭帝国灭亡，哥伦布发现美洲。

当时的世界，亚欧大陆上三大帝国鼎立，并且都正值巅峰时期，自西向东分别是奥斯曼帝国、帖木儿帝国、大明帝国，还没有西欧什么事儿。

这时候的世界其实已经联系在一起了，它们之间彼此都知道对方的存在，都互相在战争的边缘试探。前面我们在讲到拜占庭帝国的灭亡时有提到过奥斯曼帝国，而大明帝国我们再熟悉不过了，今天我们就着重来讲讲这帖木儿帝国。不，确切地说是讲讲最后一位对欧亚大陆各国，造成巨大冲击波的草原征服者——帖木儿。

帖木儿是蒙古后裔，他的家族与成吉思汗的黄金家族关系很近。但是到了他的时代，中亚地区的蒙古人已经在文化风俗上深受突厥人的影响，信仰上也皈依了伊斯兰教。帖木儿本人的情况，大致也是如此。

帖木儿的祖上，做过察合台汗国的大臣。察合台汗国是成吉思汗所分封的四大汗国之一。但是到帖木儿长大时，察合台汗国已经分裂，变成了主要在今日中国新疆一带的东察合台汗国，以及主要在中亚一带的西察合台汗国两部分。西察合台很快陷入内乱，被东边的兄弟乘虚而入。

帖木儿的早年事迹已经很难考证了，历史对他的记载从他 20 岁前后做西察合台汗国的千夫长开始。

他作战英勇，可总是遇上实力更强大的对手，于是负多胜少，他自己还在一次战斗中，被乱箭射伤了腿脚。

敌人嘲笑他，叫他瘸子，于是帖木儿在历史上就留下了“瘸子帖木儿”的称号。

可是这点伤，其实对于天降大任的帖木儿来说，只是精彩故事的小插曲。

帖木儿在屡败屡战中积累了名望，中亚地区不满东察合台汗国统治的人民，都开始依附于帖木儿。渐渐地他拥有了可以正面硬刚的实力，最后终于从东察合台汗国手里夺回了中亚。

◆ 宫廷里的帖木儿大帝

帖木儿策划了西察合台汗国的复辟，当时的惯例是只有成吉思汗后裔的黄金家族成员才能为汗，于是他找了个黄金家族的后裔来做傀儡可汗，其实大权完全握在他自己手里。

他又迎娶了一位成吉思汗家的公主，当上了黄金家族的驸马爷。“瘸子帖木儿”，也摇身一变，成了无限风光的驸马帖木儿。再后来西察合台汗国于1369年正式演变为帖木儿帝国，首都设在历史名城撒马尔罕。这是今天乌兹别克斯坦的第二大城市。

运气这个时候也开始青睐帖木儿了。东察合台汗国因为权力继承问题，发生了内乱，再也无法对帖木儿帝国产生威胁。

不过呢，新疆这片地方土地广袤，地形复杂，加上对方同样是机动性特别强的骑兵，以至于帖木儿花了二三十年的时间，一次次突入新疆，每一次都貌似取得了胜利，却又没有一次能够彻底歼灭东察合台汗国的主力。

当然，帖木儿并不是一根筋的倔脾气。这几十年间，他并没有只顾着打新疆。在东察合台汗国已构不成威胁之后，他的视线，转向了更遥远的西方和印度。

先是 1376 年，远在今天俄罗斯境内的金帐汗国发生内讧。金帐汗国也是蒙古人的四大汗国之一，帖木儿瞅准时机，扶持了一位名叫脱脱迷失的黄金家族后裔。这位脱脱迷失也很给力，有了帖木儿的支持，他统一了金帐汗国，征服了俄罗斯人。后来不甘人下的脱脱迷失虽然常有小动作，但是武力值还是不敌帖木儿，从政治手段到武力征服，帖木儿双管齐下，金帐汗国彻底被征服，自此奠定了帖木儿帝国的第一步。

帖木儿自此连年征战，到 1398 年，他已经控制了中亚、西亚、东欧，他率军攻入印度，同样是取得胜利。他击败了当时德里苏丹国最强盛的图格鲁克王朝，但是可能是因为天太热，帖木儿劫掠了一番后便撤了。有趣的是虽然帖木儿自己没有在印度扎根，但他不怕热的子孙巴布尔却最终创立了统治印度次大陆的莫卧儿帝国。

1402 年，帖木儿迎来了战争生涯的最高峰。他面对的敌人是不可一世的奥斯曼土耳其帝国。

我们翻看奥斯曼帝国的历史，会发现一个有意思的现象——历史其实是环环相扣的。

早在 1389 年，奥斯曼帝国的苏丹，绰号“闪电”的巴耶塞特一世，就在科索沃战役中，征服了塞尔维亚、保加利亚，控制了巴尔干半岛。

从这时候起，奥斯曼人已经从小亚细亚和巴尔干半岛两个方向，包围了日薄西山的拜占庭帝国。曾经屹立千年的拜占庭帝国，这时候已经几乎只剩下了君士坦丁堡一座孤城。可是，为什么奥斯曼人又推迟了大半个世纪，直到 1453 年才最终攻下君士坦丁堡呢？

这里面当然有拜占庭人背水一战、誓不投降的因素，但是更重要的原因却在于奥斯曼人自身。因为他们要面对来自东方的劲敌帖木儿帝国，甚至被打得差点儿溃不成军。

巴耶塞特一世与帖木儿一样，都打起了富饶的东方的主意。围绕亚美尼亚的归属，奥斯曼帝国和帖木儿帝国杠上了。1402 年，帖木儿亲率 14 万大军，西征奥斯曼帝国。

7 月 2 日，双方打响了安卡拉战役，帖木儿丝毫没有给巴耶塞特一世面子，在欧洲不可一世的奥斯曼人，被帖木儿的百战雄兵击溃，甚至巴耶塞特本人也成了帖木儿的战俘。

可能大家会很好奇，铁血如帖木儿，他会怎样对待自己的手下败将呢？当时留下的一些传说，认为帖木儿对巴耶塞特极尽侮辱之能事，甚至把巴耶塞特当作脚凳使用，随意践踏。

但大部分历史学家相信，帖木儿对巴耶塞特加以优待。后来巴耶塞特病逝时，帖木儿甚至颇为感伤。

当时世界上最强大的两大帝国开战，不管双方谁胜谁负，其实都是世界历史的大震荡。帖木儿的胜利，拖住了奥斯曼人西侵欧洲的脚步。对于奥斯曼帝国的惨败，他们花了两代人的时间才恢复元气，因此拜占庭帝国才得以继续苟延残喘了大半个世纪，直到 1453 年君士坦丁堡方才陷落。

在与奥斯曼帝国的对决告一段落后，帖木儿的目光转向了东方。富饶的东方远比西方更吸引帖木儿以及他的草原雄兵。

大明帝国与帖木儿帝国之间的正面交锋还会远吗？

1402 年，帖木儿在安卡拉战役中，俘虏了巴耶塞特一世。同年，东方的明朝“靖难之役”尘埃落定，朱元璋的第四个儿子燕王朱棣登基。

1404 年，帖木儿返回首都撒马尔罕，开始酝酿一个野心勃勃的计划。在这里，他见到了已经被扣押在当地多年的明朝使臣傅安。

1395 年，明太祖朱元璋派傅安出使帖木儿帝国。帖木儿表面上对傅安以礼相待，实际上却憋着一口气。他派人带傅安游历自己的广袤国土。他以为一旦傅安亲眼看到西域上上下下的数万里土地都已归他帖木儿所有，明朝就会被他的气势压倒。

结果呢，傅安丝毫没有被帖木儿帝国的武力和地盘吓倒，他始终保持着大明使节的尊严，富贵不能淫，威武不能屈。

◆ 骑在战马上的帖木儿

帖木儿一怒之下，索性把傅安扣押了起来。这一关就是 9 年。这 9 年里，帖木儿纵横欧亚大陆，从锡尔河到地中海，他的名字让所有人闻之色变。可是两人再次重逢后，出乎帖木儿意料的是，傅安依旧面不改色、不卑不亢。非但如此，傅安还不依不饶地指出，帖木儿曾经向明朝遣使交好的往事，指责帖木儿背信弃义。

杀人如麻的帖木儿也不禁对傅安刮目相看。虽然恼怒之下，他大骂了几句明成祖朱棣，说他是个背叛父亲、杀害侄子的“猪（朱）可汗”，可他终归没有杀死傅安，只是派人继续把傅安软禁起来。

1404 年，68 岁的帖木儿召集 20 万大军，对外宣称有 80 万人马，浩浩荡荡地杀向了中国。

这本应是一个精彩的故事。可惜天不遂人愿，帖木儿戎马一生，他已经太老了，也太疲惫了。从撒马尔罕到中国的路，也实在太过遥远了。1405 年，刚走到今天哈萨克斯坦的讹答剌，帖木儿就病逝了。

如果他多活几年，他和明成祖朱棣这两位同时代统治者中的佼佼者，一定会上演一幕伟大的历史性碰撞。要知道，当时朱棣已经得知帖木儿东征的消息，在帖木儿逼近的同时，朱棣也命令甘肃总兵宋晟做好准备，严阵以待。

假如帖木儿多活几年，他能征服明朝吗？我觉得，就算帖木儿活着，也很难完成这个逆天的任务。

首先，当然是因为当时的明朝，正处于国力的巅峰。但更重要的是，西域恶劣的地理条件，导致帖木儿和朱棣双方，无论谁先发动进攻，都必然会陷入不利的境地。

关于帖木儿大军一路上遭遇的困境，二十五史中的《新元史》记述的情况大致是这样的：帖木儿大举讨伐大明，募精兵 20 万，因为运输粮食困难，运载数百车种子，大军行至肥沃的原野之中，就地播种。又驱赶母骆驼数万头，如缺乏食物，则喝骆驼奶。中途遇大雪，军士和马匹冻死无数。

由此可见，早在东征开始之初，帖木儿就已经在后勤方面遭遇了难题。不要说帕米尔高原和新疆的沙漠，哪怕帖木儿的 20 万大军，能够顺利抵达新疆东部的哈密，在那片珍贵的绿洲地带稍作调整，东面也还有一望无际的河西走廊在等着他们。

去过甘肃敦煌的朋友们，想必会对寸草不生的戈壁滩印象深刻。到达嘉峪关时，真不知道帖木儿的人马，是否还能剩下一半。以当时的交通运输条件，这样的东征是绝对没有任何胜算的。

站在明朝的角度看，主场作战且兵力占优，后勤保障拥有绝对优势，对方还是一支远道而来的疲惫之师，要赢得这场战争，可以说不在话下。帖木儿死在路上，应该说是帝国的幸运。

◆ 撒马尔罕帖木儿之墓

既然如此，帖木儿为什么要对遥远而强大的明朝发起东征呢？因为帖木儿和所有靠武力上台的草原征服者一样，好不容易统一了一个缺乏凝聚力的国家，为了维系这个国家，维持臣民对自己的信任，就要一刻不停地发动战争，并赢得战争。对明朝的战争就是以为元朝报仇的理由发动的，以此凝聚他所领导的蒙古人。

另外，前面提到的大明使臣傅安，出使的目的其实是提醒帖木儿你该交税了！你之前不是大明的臣子吗？自 1388 年，帖木儿奉大明为宗主国，向大明皇帝称臣，年年派使臣进贡，这种情况直到 1396 年，心高气傲的帖木儿不愿意再臣服于大明，于是他扣押了大明的使臣。这在帖木儿心里永远是一根刺，不管他在中亚和欧洲一带如何横行，只要他不能打败明帝国，那么帖木儿帝国就永远低明帝国一头！最关键的是，是明帝国推翻了实力强大的元帝国，如果帖木儿帝国能打败明帝国，那么帖木儿就能重现当年成吉思汗的辉煌，真正以蒙古黄金家族的后裔自居！

草原上的帝国，历来“其兴也勃焉，其亡也忽焉”，它们的兴衰，往往是由某一位军事天才的降生拉开序幕，又由这位天才的死亡画上句点。

帖木儿死后，他的帝国立刻分崩离析。他的儿子、侄子为了争夺权力，彼此举起了屠刀。在骨肉相残的同时，他们谁也没有心思招惹明朝。1407 年，被扣押在撒马尔罕长达 13 年的傅安，由帖木儿的孙子遣使护送回国。明成祖朱棣，也对来使以礼相待，双方如愿恢复了友好关系。

某种意义上，帖木儿是阿提拉、成吉思汗的最后一位继承人，他们都属于每隔数百年，草原上涌现出的“一代天骄”。不过，帖木儿去世的时候，时间已经来到了 15 世纪，一个新旧交替剧烈变动的时代。

后来的后来，随着火药在军事上的运用越发成熟，随着工业革命的开展，人类即将迎来热兵器的时代，骑兵对步兵的绝对优势在大炮和火枪面前消失殆尽。草原上的铁蹄，终将伴随冷兵器的寒光，消失在欧亚大陆的历史深处。帖木儿这位最后一代草原征服者也消逝在了历史的长河中，成为一个时代的最终印记。

（杨盛翔）

黑非洲也有自己的历史：马里帝国

黑非洲没有历史，一直以来我们都被很多历史学家这么教育。

直到 20 世纪 60 年代，一些顶级的西方学者仍然否认非洲有历史存在。1963 年，牛津大学现代史钦定讲座教授休·特雷沃尔－罗珀说："可能在将来会有非洲历史可以讲授，但目前还没有，只有在非洲的欧洲人的历史。其余是一团漆黑……而黑暗不是历史的题材。"

这并不是什么新鲜的论调。早在 18 世纪，哲学家大卫·休谟就断言："非洲黑人根本没有独创性的产品，他们没有艺术，没有科学。"

到了 19 世纪，著名哲学家黑格尔也在其巨著《历史哲学》中，一方面，承认自己对非洲"几乎毫无所知"；另一方面，却武断地做出评论：它不是一个历史的大陆，它既没有显示出变化，也没有显示出发展，非洲是一个仍处于幼年时代的地方，还笼罩在夜的黑幕里，看不见自觉的历史的光明。

要知道，休谟和黑格尔都是最顶尖的哲学家，要排一下人类最卓越的

◆ 马里的邦贾加拉悬崖

大脑，这二位妥妥的前 100 名。

可是，他们似乎都忘记了在他们之前的先贤曾经给予过非洲文明何等的赞誉。古罗马历史学家大普林尼在他的《自然史》里感叹过："非洲总是不断出现新鲜事物。"

中世纪的阿拉伯旅行家、历史学家，如伊本·赫勒敦、伊本·拔图塔等，曾经走遍欧亚非三大洲，在他们的眼里，非洲的文明古国在政权的建设、文化的创造、财富的积累等方面，并不比其他大洲的国家逊色。

他们的记载，也被近代以来的考古发现所证实。中世纪的非洲也曾涌现出一些让人惊叹的文明国家，完全可以跻身当时全世界最强大的国家之列。我们今天要提及的西非马里帝国就是这样的国家。

关于马里帝国，绝大多数人应该是第一次听说，在目前大、中、小学历史教材上几乎很少提及它。为了更好地理解，我们可以先记住这几个关键词：西非、伊斯兰教、盐、两代君王。

好了，接下来我们就一起来看一下马里帝国的历史，看这些关键词是如何串联起来的。

大约在公元1230年至1670年，对应我国的时间是南宋到清朝早期，中世纪的西非草原上崛起了一个强大的国家——马里帝国。其全盛时期的版图，南起热带雨林，北至撒哈拉大沙漠，西抵大西洋沿岸，东达尼日利亚，首都为尼亚尼，占据了非洲赤道以北大部分内陆地区。其向北穿过撒哈拉沙漠到达地中海南岸，输出象牙、奴隶。

地中海南岸不仅是非洲通往欧洲和近东的贸易中心，而且出产食盐。马里帝国的南面，通往非洲热带雨林，那里盛产黄金，曾经是世界上最大的黄金产地。但由于处于赤道附近，天气炎热，人们需要一种防止食物变质的方法。盐可在高温环境下帮助储藏食物，但当地的西非人自己不会制盐，于是，穆斯林从北部带来盐并与他们交换黄金。马里就成了这个重要贸易路线的必经之路，因此它获取了权力和大量的财富积累。

中国引进的非洲古典文学作品很少。很多年前，曾经有一部名为《松迪亚塔》的古代非洲史诗被翻译过来。松迪亚塔是一个人名，他是马里帝国的开国君主，生活的年代大约在我国的南宋。他在位时保护和推动贸易，使盐和黄金的贸易比以前更加成功。他还建立了尼亚尼城——马里帝国的首都。不仅如此，松迪亚塔还为他的帝国做了一个非常重要的决定，即皈依伊斯兰教，这也是为什么远在西非的马里帝国是伊斯兰国家。

在松迪亚塔之后，所有的马里统治者都是穆斯林。而关于松迪亚塔本人，还有一个这样的传奇故事。

相传，松迪亚塔的父亲是当地的一位酋长。这位酋长的宫里，有一些占卜者，他们的工作是预言未来。有一天，占卜者告诉酋长，他将是一位大

◆ 马里古建筑

英雄的父亲，但是那位英雄的母亲，还没有出现。

这位酋长当时已经有许多妻子了，但是为了兑现这个预言，他决心按照占卜者提供的线索，去各地仔细查访。最后，根据神谕指示的线索，他找到了那个女子，这是一个名叫索戈隆的女巫，不仅长得丑陋而且驼背。这让酋长有些难过。

不管怎么样，酋长尊重占卜者的意见，迎娶了女巫索戈隆。几年后，索戈隆生下了一个孩子，可是这个孩子却天生是个跛子。人们管这个孩子叫索戈隆·迪亚塔，索戈隆是他母亲的名字，迪亚塔是狮子的意思。因为当地语言的语速很快，在口耳相传的过程中，这个孩子的名字就由索戈隆·迪亚塔，变成了松迪亚塔。

松迪亚塔长着一个大脑袋，整天似乎都在思考问题。他都 3 岁了，既不会走路，也不会说话。可是一旦学会了走路，他就立刻成了一名了不起的猎人，展现出了非凡的勇气和智慧。

酋长死后，松迪亚塔和母亲索戈隆被父亲的其他妻子排挤，流亡到外族避难。

后来父亲的领土被敌人占领了，所有人都变成了俘虏。这时候，有人想起了多年前有关索戈隆将会生育一位英雄的预言，他们找到了松迪亚塔。

松迪亚塔不负众望，组建了一支强大的军队，夺回了父亲的土地。此后，他向周边不断扩张，据说“曾让 100 名国王臣服”，终于建立起强大的马里帝国。

尽管关于松迪亚塔出生的故事，不可避免地具有一定的传奇色彩，但是他所建立的马里帝国却是真实存在的。这个事实证明，在欧洲人踏足之前的非洲也有自己独特的文明，是值得书写、值得骄傲的。

但遗憾的是，从欧洲最早实现近代化、工业化以来，“欧洲中心”“欧洲本位”的思想就一直弥漫在欧洲人心中，甚至随着西方文明的强盛传播到全世界人民的心中。用通俗的话来讲就是，因为我最厉害，所以只有我的故事是有价值的，你们其他人的故事都是没有价值的。即使像休谟、黑格尔这样的思想界伟人，也不免具有这种偏见。

历史上一个帝国的建立，开国君主很重要。也有一开始即达到巅峰的，也有经过几代人努力才达到极盛的，而马里帝国属于后者。松迪亚塔固然传奇，但是让马里帝国声名远播的却是另外一个人，他是一个虔诚的穆斯林，他用几十年的时间，将马里帝国版图扩大了 13 倍，达到 130 万平方千米，差不多有 4 个日本那样大。他是君王曼萨·穆萨，松迪亚塔的侄孙。曼萨·穆萨的祖父，是松迪亚塔的亲弟弟。

与整个马里帝国历史寥寥无几的书面记载相比，曼萨·穆萨的记载完整很多。

首先，他可能是历史上最富裕的领导者。从公元 1312 年到 1337 年，他一共统治了 25 年，在位期间征服了 24 座重要城市，大大拓展了帝国的版图和贸易路线，这段时期也被公认为是马里帝国的黄金时代。黄金时代用于形容曼萨·穆萨大帝的统治，真是再合适不过了。因为曼萨·穆萨，就是黄金的意思。

曼萨·穆萨的马里帝国不仅垄断了穿越撒哈拉沙漠的商路，控制着食盐产地，还可能出产了当时世界上的一半黄金。

同时代人描述曼萨·穆萨，说他的财富多到无法想象。《时代》杂志也认为，我们无法准确地计算出他究竟有多少财富。英国广播公司（BBC）的报道则干脆称他为“古往今来最富有的人。”历史学家估计，他可能掌握了数千吨黄金，放在今天，他的财富可能相当于数万亿美元。

在古代甚至在现在，拥有黄金就相当于拥有了财富。而巨额的财富并不是曼萨·穆萨留给世人唯一的印象，反倒是他接下来做的事情，让世界尤其是欧洲世界进一步了解了他。

曼萨·穆萨即位的年代，距离伊斯兰教传入西非已经有几百年的时间了。他的先祖虽然已经皈依了伊斯兰教，但与其他帝国不同，他们并没有让他们的子民也信奉伊斯兰教，而曼萨·穆萨是第一个宣布伊斯兰教为国教的国王。

对于当时的西非来说，伊斯兰教不仅代表着一种先进的文化，还是一张打开市场的通行证。因为在广袤的北非和中东，只有穆斯林才能便捷地做生意。

曼萨·穆萨之所以名扬世界，是因为他去麦加的那次朝觐。朝觐是每一个穆斯林在一生中力争完成的事情。在马里帝国的历史上，曼萨·穆萨并不是第一位前去麦加朝觐的统治者，但是毫无疑问，他一定是最出名的那一个。

1322 年，正在准备前往麦加的曼萨·穆萨，询问占卜者出发的最佳时间。占卜者建议他在一个周六出发，但这个周六必须是那个月的第 12 天。为了盼来这样一个周六，曼萨·穆萨耐心等待了 9 个月，他的朝觐之旅也因此准备得格外充分。

“咦，周六，周几周几不是基督教的时间吗，怎么伊斯兰教也叫周几，你搞混了吧？”怎么可能混，不过你提了一个好问题，我给你深入讲讲。

伊斯兰教是从一开始就有周六这一概念的，因为伊斯兰教和犹太教、基督教同属“三大亚伯拉罕宗教”，在创世神话上有诸多相似之处。最古老的犹太教已有神在一周七天中创造世界的传说，这一传说被后来产生的基督教、伊斯兰教继承，一周七天的概念也一道被引入。比如有明确记载，穆罕默德从麦加迁徙到麦地那那天就是周五，后来周五也成了伊斯兰教的主麻日，是穆斯林举行聚礼的日子。所以一周、周六等概念是从公元 7 世纪伊斯兰教创立之初就存在的。

好，言归正传，我们接着讲曼萨·穆萨的朝圣之旅。

1323 年 6 月，庞大的朝觐队伍出发了，此时正是酷暑难耐的季节，可是曼萨·穆萨从容不迫——他有一支 6 万人的随行队伍，为自己提供服务。

是的，这支 6 万人的队伍，的确不是去征服邻国的，他们只是低调地前进，想要完成一次谦卑的朝觐。他们的穿着也很“低调”，全都穿着锦缎和波斯产的丝绸，其中 12000 人每人背着一根 1.8 公斤的金条。

随行的还有数千头拉载货物的牲畜，其中有 80 头骆驼，每一头也都

◆ 马里木制雕刻图像

“低调”地驮着一担 23 到 136 公斤不等的砂金。

他们花了一年时间，穿越了撒哈拉沙漠。1324 年 7 月，这支庞大的朝觐队伍抵达开罗城外，在大金字塔附近安营扎寨。埃及人看到他带来的人马和黄金，全都疯狂了。“低调”的曼萨·穆萨沿途都没有乱花钱，或者说想花钱也没地方花，到了繁荣的开罗，终于不小心手抖了一下，稍微花得狠了一点点。初来乍到他就给埃及马穆鲁克王朝的苏丹及其手下人送去了一份见面礼——5 万枚金币。

事实上，整个开罗上上下下没有一个官员不曾接受曼萨·穆萨的黄金。曼萨·穆萨和他的手下，在开罗城里慷慨地“买买买”，当地的商贩看到这些黑皮肤的洋大爷，这些与自己同样信仰伊斯兰教的穆斯林兄弟，感动得简直要落下泪来。抹去泪水后，他们赶紧把商品价格改了一下，按照原先的 5 倍，卖给马里人。

曼萨·穆萨在开罗住了 3 个月，才启程继续前往麦加。这 3 个月里，他送出去无数黄金作为礼物，又花费了无数黄金购买商品，以至于黄金价格在开罗暴跌，直到十几年后，开罗的金价才又恢复了正常水平。

这感觉有点夸张，不过马里国王曼萨·穆萨赴麦加朝觐的故事流传很广，在亚、欧、非三洲都有相关记录，他们的消息来源都是阿拉伯旅行家（如伊本·拔图塔）、作家，他们或者在开罗遇到了曼萨·穆萨的朝圣队伍，或者亲自去过马里帝国。他们的具体记载有些出入，但相同点是，数字都很夸张。至于原因，一方面，不排除有目击者夸大的因素；另一方面，曼萨·穆萨可能确实拥有惊人的财富，毕竟马里帝国是当时世界上最大的黄金出产国。

不过，历史学家很少提到这个故事的后半段。在麦加，曼萨·穆萨终于花光了带来的所有黄金。朝觐结束后，为了返回马里，他不得不向穆斯林商人借了昂贵的高利贷。

就这样，曼萨·穆萨还是维持了一个马里国王应有的体面。在麦加时，他甚至向先知穆罕默德的所有直系后裔许诺，只要他们愿意带上家属，随他一道迁往马里，就赏赐给他们优厚的财产。最后，有四个人表示愿意，这些穆罕默德的子孙，后来西迁到了马里帝国，在非洲永远定居了下来。

回到马里后的曼萨·穆萨，很快恢复了元气。他沿着尼日尔河，向东继续扩张地盘，占领了交通枢纽廷巴克图，把这里设为自己的新首都，在这里，他聘请西班牙的穆斯林建筑师萨希利，建造了保存至今的简格雷贝尔清真寺，有时候人们也会直接称它为穆萨清真寺。以简格雷贝尔清真寺、桑科雷清真寺等宗教机构为基础，曼萨·穆萨还建立了桑科雷大学，这是古代非洲的三所大学之一，曾经是非洲的知识中心，吸引了来自欧洲、亚洲的大批学者前往讲学。

1337 年，大约 57 岁的曼萨·穆萨驾崩。他在位时间不算太长，但是他的文治武功却长久地影响着马里这片土地。在曼萨·穆萨统治期间，马里帝国达到了极盛。帝国的疆域较前代扩张了许多，占有了关键的河流和谷地，并且控制了产盐区和产铜区等资源丰富的地带，给帝国带来了巨额的财富。从马里帝国最东端的塞内加尔到最西端的阿加德兹长达 2500 千米，按照当时的交通条件，足足要走一年之久。他在 1324 年至 1325 年的那次麦加朝觐，更是以优雅的炫富，给世界留下了难以忘怀的记忆。

事实上，在曼萨·穆萨去世后不久的 1375 年，在一幅描述欧、亚、非三大洲的世界地图上，便出现了曼萨·穆萨的身影。地图上，曼萨·穆萨手持金币，头戴金制王冠，气定神闲。后来，这幅地图成为法国国王查理五世的收藏品，至今仍然收藏于法国。所以说当时的外部世界并不是对非洲历史一无所知，马里帝国的辉煌也不该被忽略。

（杨盛翔）

文明的故事

撬动世界的先声

THE STORY of CIVILIZATION

文艺复兴的先声：世界最早的大学与但丁的《神曲》

盛极而衰与兴亡更替这个规律不光可以用来描述中国历史，同样可以用来概括西方历史。此前我们曾经介绍过古希腊、古罗马文化的灿烂与辉煌，可是无论曾经多么伟大的文明，终究有谢幕的一天。

西罗马帝国在公元 4 世纪被外族入侵之后，元气大伤。此后，随着西罗马帝国在西欧地区的统治逐步瓦解，西欧的文化也随之陷入了黑暗之中。

在很多西方历史著作中，我们会读到这样的描述：经历了漫长而黑暗的中世纪，欧洲终于在 14 世纪迎来了文艺复兴，从此走上现代世界的光明大道。这一描述当然不能说错，但却并不完整。世界上所有文化的复兴，都需要很长时间的积累。

台上一分钟，台下十年功，一个人登台演奏技惊四座，一定是因为他在台下花费了无数的精力与时间练习。欧洲历史同样如此。其实说起所谓“黑暗的中世纪”，严格来讲，它只是从公元 6 世纪开始，一直持续到 11 世纪左右，把这一阶段称为“黑暗”不算特别夸张。然而从 12 世纪开始，

◆ 博洛尼亚大学的教学楼

欧洲就已经逐步恢复元气，从而用 400 年的时间为真正的文艺复兴打下了坚实的基础。而从 11 世纪开始，大学在欧洲的出现，可以说正式标志着欧洲开始告别文化衰落的黑暗历史。

说起大学，大家或许首先会想到清华与北大、牛津与剑桥、哈佛与耶鲁。欧洲的很多大学都具有近千年的历史了，建校历史甚至可以追溯到 11 世纪。

公元 11 世纪到 12 世纪的欧洲，很多繁华的城市逐渐登上了历史舞台，工商业在逐步发展，而高等教育也在恢复之中。

人类历史上第一所现代意义的大学——意大利的博洛尼亚大学，就率先于 1088 年建立起来了。不过大家可不要误会，这所刚刚建立起来的大学并不像今天的大学那样，拥有各种各样不同的专业和来自五湖四海的学生。其实，博洛尼亚大学建立的时候，只是一个小小的法学院，而且这个法学院的教育目的也不是培养律师和法官，而是培养翻译家。为什么会培养翻译家呢？这就要从阿拉伯人对西欧文化的贡献说起了。

◆ 但丁的肖像

与混乱黑暗的欧洲不同，12世纪的时候，阿拉伯人在文化方面可是成绩斐然，各个学科都有响当当的一流人物。他们细心保存了很多古希腊和古罗马流传下来的重要著作，而这些著作在黑暗时代的西欧地区消失不见了。伴随着交通和商业的发展，以及前面提到的十字军东征，这些古代的著作传回到了欧洲。欧洲人惊喜地发现，传说中的那些古代著作居然还在世间！

为了振兴教育，发展文化事业，欧洲人开始系统地翻译这些阿拉伯人带来的著作。而博洛尼亚大学的法学院，主要就在从事罗马法学著作的翻译。

伴随着博洛尼亚大学的建立，巴黎大学、牛津大学、剑桥大学也都相继建立起来了，很多伟大的古代著作也都相继从阿拉伯语翻译成了拉丁语。这样一来，欧洲文化也就逐步开始恢复起来，渐渐走出了蒙昧的黑暗时代。此后的欧洲，接连不断涌现了一大批哲学家、文学家与科学家，而其中最为人所熟知的，恐怕要属诗人但丁和他的《神曲》了。

◆ 但丁的史诗《神曲》

但丁这个人，恩格斯曾经对他有过很高的赞誉，说他是“中世纪的最后一位诗人，同时又是新时代的最初一位诗人”，说白了就是但丁起到了承上启下的作用，地位很高。

《神曲》被称为西方文学史上的四大名著之一，并非浪得虚名。这本长篇诗歌作品分为《地狱》《炼狱》《天堂》三个部分，不但文辞华美、场面宏大，而且可以称得上是一部百科全书，几乎涉及了当时欧洲所有学科的知识。

但丁其实很像咱们中国的一位君主。还记得那位写过“春花秋月何时了”的南唐后主李煜吗？但丁和李煜一样，不但都是有才气的诗人，而且在政治上也很像，但丁出身于贵族，相当有权力，还曾经掌握过佛罗伦萨的统治权。可惜但丁实在是没有政治头脑，在政治斗争的过程中败下阵来，被流放了。

但丁被驱逐出佛罗伦萨，一辈子到死都再也没有回过家乡。俗话说，忧愤出诗人，但丁也不例外。在流放的过程中，他写下了大量的诗歌，《神曲》就是其中之一。尽管当不成政治家，却造就了世界上最伟大的诗人。有趣的是，这部诗集的诞生还跟一段奇妙的爱情有关。

在但丁的少年时代，他时常参加父亲所举办的聚会。有一次在聚会上，他偶然遇见了一位名叫贝雅特丽齐的少女。这位少女出众的美貌与超凡脱俗的气质立刻打动了但丁，使他一见钟情，一辈子都无法忘却。他苦苦追求贝雅特丽齐，可惜贝雅特丽齐的父亲把她嫁给了另一个人。

在结婚几年后，贝雅特丽齐就因为疾病而撒手人寰。但丁不但为她写作了很多抒情诗，而且还特意把她安排在《神曲》中的《天堂》部分，足可见但丁的款款深情。

《神曲》这本诗集有一点像今天所流行的玄幻小说。但丁把自己安排为主人公，并在他人的带领下游历了一番地狱、炼狱和天堂。

在一开始，主人公但丁由于不小心迷路，闯入了一片黑暗森林，有三只野兽威胁他的生命。

就在他大声呼救的时候，古罗马著名诗人维吉尔出现了。他及时把但丁救了出来，带领他走上另一条路，从而进入了地狱和炼狱的世界。

按照但丁的描述，地狱共分九层，而其中心就在耶路撒冷。这九层地狱层层都不相同，按照一个人生前的罪恶大小，不同的罪人被安排在不同

◆ 意大利诗人但丁身患疟疾病逝

层级的地狱中。越向下走，罪恶越深重。

在地狱里面，但丁见到了无数罪大恶极的人，他们在地狱的不同层级中接受各种各样的惩罚。

走出地狱之后，但丁来到了炼狱，炼狱中关押的是那些尽管生前有罪，但却在死前深深悔悟的灵魂。炼狱也分九层。不过与地狱不同，炼狱中的惩罚相对轻一些，他们经过了重重净化之后，依然有机会进入天堂。

到了炼狱的最后一层，维吉尔告别了但丁。而此时，但丁最钦慕的贝雅特丽齐出现了。但丁把自己最心爱的女人放在了天堂里，成了他最后的向导。天堂也同样分为九层。

在这里贝雅特丽齐带着他一层一层上升，让他看到了那些高尚的灵魂在天堂中多么快乐和幸福。而越过了九层天堂之后，但丁得以有机会看到上帝的尊容，而《神曲》一书也就在这最甜蜜的幸福中走向了尾声。

有意思的是，但丁把历史上的各种人物，连同他同时代的人们，统统都放进了《神曲》中。他把罪人们打入了地狱，把圣人们放进了天堂。可以说，但丁通过写作《神曲》，不仅贡献了一部伟大的史诗，而且更是借助这部史诗淋漓尽致地表现了一个基督教信仰的完整世界。

历史课本里我们常常读到这样一句话：文艺复兴时期，涌现了大批“人文主义”人才，如文坛三杰但丁、彼特拉克、薄伽丘。可是为什么但丁和他的《神曲》可以被称为文艺复兴的先声呢?

在但丁自己看来，人生来就是有原罪的，而要从这些原罪中解脱，就必然要借助强大的力量。这两种力量就是“理性”和“信仰”，前者脱胎于古希腊哲人的思考，后者脱胎于基督教教义的传承。但丁通过《神曲》把这两种精神力量结合在一起，从而为人类提供了一种新的精神指南。这种精神仍然信仰神的存在，但是非常重视人的主体性和自觉性。另外，《神曲》是一部具有强烈政治倾向性的作品。为了唤醒人心，给改革铺平道路，但丁在作品中广泛而深刻地揭露了当时的政治和社会现实。

我们常说人文思想、人文思潮等，到底什么是人文思想，为什么它这么重要呢?在我看来，人文思想，就是重视人、强调人，支持人做出自己的选择。在还没有从中世纪的蒙昧中完全脱离的历史时期，这种思想无疑是具有划时代意义的。

作为13—14世纪的诗人，但丁凭借《神曲》不但成为中世纪文化集大成的诗人，同时也因为这部作品中所闪现的人文光芒而开启了一个新的时代。正如但丁《神曲》里所说的一样：两个太阳照亮两条路径，一条是尘世的路径，另一条是上帝的路径。但丁的一生是流亡，亦是重生。在但丁之后，人文主义思潮开始流行于欧洲各地，文艺复兴运动也悄然揭开了序幕。一个新的充满希望的时代即将登场了。

（雷思温）

从天国降落到真实的人间：《十日谈》与《君主论》

当说出“文艺复兴”这四个字时每个有学养的人心中都会立刻涌现出一系列璀璨的名字：达·芬奇、米开朗琪罗、拉斐尔等。这个名单还可以一直开列下去，毕竟硕果累累的文艺复兴时期，是西方历史乃至整个人类历史中最耀眼的时刻之一。

除了大家所熟知的艺术大师之外，文艺复兴还诞生了一大批伟大的哲学家、文学家和政治家。说起文学方面的成就，也许人们首先会想到塞万提斯笔下那位著名的堂·吉诃德，还有莎士比亚的一系列戏剧作品。不过追根溯源，文艺复兴时期最早的文学大师应该首推薄伽丘和彼特拉克。比起但丁，他们才是新时期文化的真正开拓者与奠基者。

薄伽丘的故事集《十日谈》真正标志着欧洲文学开始走出了《神曲》，进入了新的历史时期——人的时代。

说起《十日谈》的历史意义，不少人会把它与《神曲》做一个比较。尽管但丁的《神曲》中描写了历史上和现实中许许多多的人，但最终但丁把他们都安排在了上帝所统治的世界里。而《十日谈》则一共讲述了100个文艺复兴时期的故事，描绘了人间的喜怒哀乐与爱恨情仇，他的着重点已经从上帝转移到了人，因此这本故事集也被人称作“人曲”。

◆ 薄伽丘肖像

从“神”到“人”的转变，正说明了从中世纪到文艺复兴的革命性变化。而在很多人眼里，《十日谈》也就成为欧洲文学史上第一部现实主义的巨著。

不过虽然《十日谈》是文艺复兴文学的代表作品，但它的创作背景却并没有什么耀眼夺目的历史舞台，相反它的诞生与欧洲历史上最为惨烈的一次瘟疫有关系。这本书写作于1349年至1353年，而就在这几年的时间里，整个欧洲暴发了被人们称为“黑死病”的大瘟疫。这场瘟疫是由鼠疫引起的，夺走了欧洲约1/3的人口。

而文艺复兴的发源地、美丽的意大利城市佛罗伦萨，正是这场瘟疫的重灾区。这场从中亚一步步传来的灾难，首先就是在意大利开始入侵欧洲的。经过了西西里岛、威尼斯和比萨，瘟疫最终来到了文化重镇佛罗伦萨。

作为黑死病灾情最严重的城市，佛罗伦萨有将近4/5的人口丧生。而《十日谈》的开篇就对这场灾难进行了淋漓尽致的描写。在薄伽丘的笔下，最让人绝望的还不是人在患病时的恐惧，而是对上帝信仰的绝望。在他的时代，基督教还是欧洲的主流信仰。瘟疫来临之后，有很多人不止一次地举行各种宗教游行和集体祷告活动，虔诚地乞求着上帝，盼望上帝亲手制

◆ 薄伽丘《十日谈》插图

止这场灾难。然而这一切都无济于事。

这一场景就给《十日谈》乃至日后的文艺复兴运动奠定了一个基调：人再也不能完全相信上帝了。无论心中有多么美好的信仰，现实仍是一片黑暗与灾难。而且当时欧洲的医疗手段也比较落后，对这场灾难束手无策。薄伽丘亲眼看见了很多人因为大难将临，所以自找快活，日夜纵欲、肆无忌惮地挥霍钱财，及时行乐。无论是《圣经》里的诫命，还是各种法律规定，全都丧失了作用。很多法官和神父也一同在这次灾难中死去。人们完全没有了任何约束，想怎么生活就怎么生活，所有的亲情、友情、爱情统统消失。父母亲为了防止得病，甚至不愿意去看望自己的儿女。城市的街道四处都是尸体和棺材，多少曾经显赫一时的达官贵人、社会名流，都化为了累累白骨。为了在灾难中获得心灵的安慰，一些年轻人聚在一起，轮流开始给彼此讲故事。这些故事，就成为《十日谈》的来源。

◆ 14 世纪意大利佛罗伦萨发生瘟疫

这场灾难具有极大的象征意义。在后世的人们看来，它象征着黑暗的中世纪吞噬了一切文明的火种。而经历了这场浩劫的欧洲人，也开始学着真正接受现实的残酷与无情。与薄伽丘笔下阴暗的黑死病相似，文艺复兴还有另外一位思想大师，同样向世人揭露了人性的复杂与黑暗。这就是赫赫有名的马基雅维利。

作为西方历史上第一流的政治学家，马基雅维利的名声在后世并不好。每一个政治家多多少少都会读一点他的著作，但却很少有人会诚实地公开宣称自己喜欢他的学说。为什么会这样呢？原因就在于，马基雅维利和薄伽丘一样，真实地刻画了人性的现实，没有粉饰太平，也没有歌功颂德。所以，人人都觉得马基雅维利的观点很真实、很犀利，但由于他太过毒舌，这又让人对他退避三舍。

1469年，马基雅维利出生于佛罗伦萨。他一生的思想精华浓缩在《君主论》这本著作里。和很多纸上谈兵的思想家不同，马基雅维利之所以能够风靡至今，是因为他早年积累了极为丰富的从政经验。在他的时代，曾经资助过米开朗琪罗等艺术大师的美第奇家族被推翻，取而代之的是佛罗伦萨共和国。而马基雅维利就是佛罗伦萨共和国的外交官。由于工作的需要，他经常代表佛罗伦萨出访欧洲各国，与很多国家的政要都有深度的交往。不但如此，他对于佛罗伦萨共和国的国防与军事问题，也有自己独到的看法。

◆ 马基雅维利

可惜，共和国的统治并不稳定。美第奇家族一直与教皇关系极为紧密，他们也一直等待着翻身的机会。后来，教皇的军队攻入佛罗伦萨，推翻了共和国，美第奇家族重新掌握了政权。曾经声名远扬的外交官马基雅维利，就这样丢掉了所有的政治职务。不但如此，他还被美第奇家族投入大牢，受尽了严刑拷打，所幸还留了一条性命。在被释放之后，马基雅维利选择了隐居乡间，闭门不出。白天，他为生计奔忙；晚上，他聚精会神

◆ 佛罗伦萨圣十字圣殿

地写作。《君主论》就是在这样的隐居状态里写成的。

《君主论》里最惊世骇俗的地方在于，它对人性的种种弱点做出了透彻的分析，并且认为这些弱点可以用来巩固君主的统治。为了达到稳定统治的目的，可以采用阴险的手段，不用考虑道德与良心。可以说在人类历史上，还没有第二本书能像《君主论》这样，不但受到了疯狂的诋毁，而且还同时收获了无数的赞誉。而这种奇妙的现象，完全是因为马基雅维利苦口婆心地说了太多的大实话。尽管刺耳，但却真实无比。

在隐居期间，尽管生活困苦，但马基雅维利的大名却还是屡屡传到佛罗伦萨的统治高层。再后来他还获得了效力美第奇家族的机会。可惜美第奇家族最终还是倒台了，佛罗伦萨共和国再度建立了起来。马基雅维利眼见机会已到，想重新为佛罗伦萨共和国效力，无奈他因为曾经效力过美第奇家族，所以始终没有获得再度从政的机会。一代思想大师，就这样在郁郁寡欢中告别了人世。

薄伽丘笔下的黑死病和马基雅维利的《君主论》，向我们揭开了文艺复兴运动的另一面，那就是敢于直视人间的残酷与黑暗。上帝已经远离了这个世界，所以人要开始学会依靠自己的力量创造属于自己的世界。因此，在我们欣赏文艺复兴时期的大师杰作时，不能忘了它们是经历了灾难与黑暗的洗礼，从天国降落到真实的人间后，才最终来到了我们的眼前。

（雷思温）

美第奇家族：文艺复兴的教父们

文艺复兴是中国人特别熟悉，也特别喜爱的一段西方历史。文艺复兴这个词，叫 Renaissance，本来是个法语词，它的本义只是“复兴”而已。至于“文艺”，是胡适他们最初翻译这个词时，有感于当时西方的文艺特别发达，人为创造的一个定语前缀，未曾想这个译法，后来却成了约定俗成的共识。

文艺复兴通常被认为起源于意大利的佛罗伦萨，更确切地说是起源于今天我们要讲的神秘家族——美第奇家族。他们显赫神秘，统治佛罗伦萨 300 年，出了 3 名教皇 2 个王后；他们崇尚艺术，达·芬奇、拉斐尔是他们家孩子的伴读；他们供养画家，顺便推动了整个文艺复兴的发展。很多人相信，没有美第奇这一家子就没有文艺复兴，或者说至少文艺复兴不会是我们今天看到的样子。

与很多赫赫有名的大家族一样，美第奇家族的成员，最初也不过是平凡无奇的普通人。这一家一开始生活在佛罗伦萨所在的托斯卡纳地区北部

◆ 佛罗伦萨

的乡村。那里是意大利著名的农业产区，美第奇很可能就是当地的一家普通农户。

可是这一家人却拥有和邻居不一样的视野和野心，他们很早就放下手里的锄头，开始投身于其他更能盈利的行业。

现存的有关这家人的最早文件，只能上溯到 1230 年，大约相当于我国的南宋初年。许多学者认为，美第奇这个名字，源于意大利文的“医生”或者“药剂师”这个词。由此推断这家人放弃务农之后，很可能搬进了佛罗伦萨城内，捣鼓起了医药生意。

作为证据，美第奇家族的徽章上面除了有象征佛罗伦萨的紫百合外，还有 6 个小圆球。有关小圆球的意义，至今没有统一的说法。最让人信服的解释是，那是六粒小药丸，代表美第奇家的先祖做过药剂师。

假如这一猜测是真的，那么这 6 粒小药丸为美第奇家族带去了好运。靠着贩卖这些药丸，刚刚放下锄头进城做起小买卖的美第奇家族，就此走上了发家之路。

在经营医药生意之后，这家人又投身到了当时佛罗伦萨最大的产业羊毛加工业当中，做得很成功，逐渐成了羊毛加工行会里的一个大家族。

从这时开始，文献中关于美第奇家族的记载越来越多，他们家的人也开始越来越频繁地担任佛罗伦萨共和国的政府职务。

不过，医药生意也好，羊毛加工业也罢，都只是帮助美第奇家族完成了原始积累，真正让美第奇家族发大财、跻身豪门望族的，是利润更高的银行业。

在中世纪晚期的欧洲，佛罗伦萨是最兴盛的商业都市之一，那里的产业发展过程也很有趣。一开始那里的产业以制造业为主，这座10万人的城市，一度拥有数百座毛纺织业的加工作坊。

美第奇和他们的行会伙伴远赴英格兰采购羊毛等原材料，然后经过深加工，把制成的羊毛产品卖到欧洲各地。

用今天的话来说，佛罗伦萨共和国以实业立国，是远近闻名的欧洲工厂。

可是到了14世纪末，佛罗伦萨共和国却像今天的美国一样，经历了一个制造业空心化的过程。替代羊毛加工业的，是利润更高的服务行业，尤其是以银行业为代表的金融业。14世纪末的佛罗伦萨，就处在金融业即将大发展的风口上。

美第奇家族的族长乔万尼·美第奇就看准了这个创业机会。他果断放弃了制造业，把资产大胆转移到银行业上。

乔万尼赌赢了，经过半个世纪的努力，美第奇家族建立了佛罗伦萨乃至于全欧洲最庞大的银行体系。从北方的英格兰、尼德兰，到西方的法国、西班牙，再到东方的神圣罗马帝国，到处覆盖着美第奇家族的银行网点。美第奇家族的银行网络已经如此发达，以至于罗马教廷向各地教徒开征的什一税，都要借助美第奇家族的银行网点来征收。美第奇家族也当上了罗马教廷的御用银行家，获得了“教皇银行家”的绰号。

在经商成功获得巨大的财富之后，美第奇家族没有停下来，而是继续追求更高的目标，他们还要参与到社会的运行当中，要掌握更大的权力。

乔万尼的儿子科西莫·美第奇是美第奇家族内第一位堪称伟大的政治家。

乔万尼不仅为科西莫留下了惊人的财富、美好的名声，还给了他丰富的政治人脉。事实证明，科西莫没有浪费父亲留下的资源。更难得的是，他的才华和成就甚至远在乔万尼之上。

科西莫继承家业以后，美第奇家族的银行生意更加兴隆。依托于家族银行业的丰厚利润，科西莫通过一系列金钱运作，既收获了普通市民的爱戴，也巩固了与罗马教廷的合作关系。

1434 年是美第奇家族在政治上的一个转折点，科西莫最终在人民的热烈拥护下，斗倒了最强大的政敌——阿尔比齐家族。随着阿尔比齐一派逃出佛罗伦萨，科西莫实际上已成为佛罗伦萨政坛说了算的大老板。

就像罗马帝国的开国君主屋大维没有赋予自己皇帝头衔，只是以“元首”，也就是“第一公民”和“首席元老”的名义，来操纵罗马一样，谨慎成熟的科西莫，也保留了佛罗伦萨作为共和国的表象，只是通过培植党羽，操纵选举，远远地把控佛罗伦萨政坛，甘心做身居幕后的无冕之王。

尽管如此，全欧洲都知道佛罗伦萨事实上的主人，就是科西莫。所有外国使节，也都对佛罗伦萨的政治底细一清二楚，在拜会佛罗伦萨共和国的执政团之前，他们都会提前赶去美第奇家族的宅邸，登门拜访科西莫本人。

科西莫仿佛是一位优秀的船长，虽然他对佛罗伦萨这艘大船的航向说一不二，却兑现了承诺，把船开往了碧海蓝天。科西莫独裁时期，佛罗伦萨国力达到顶峰，热爱共和的佛罗伦萨民众，并不排斥这位政治强人的大权独揽。

科西莫死后，享受了国葬待遇，佛罗伦萨人民仿照古罗马的做法，追认科西莫为佛罗伦萨共和国的“国父”。要知道，这可是 1000 多年前西塞罗在罗马共和国才能享受到的殊荣。

数代人的奋斗，让美第奇家族从普通人变成了富甲天下的银行家和佛罗伦萨的最高统治者，这并不仅仅是美第奇家族一家一姓的传奇，而是欧洲历史演进的一个侧面。

我们常说，文艺复兴是欧洲从中世纪走向近代的开端，具有非常重要的承上启下的意义。那么，这个承上启下到底体现在什么方面呢？在我看来，美第奇家族崛起的历史就非常突出地体现了这个特点——家族的重要性。我们在前面的故事中屡屡提到，家族这个元素在古代西方社会具有非常重要的意义。

由于欧洲并不像中国具有中央集权的传统，导致君主的权力并不是很强。而独特的封君封臣制度又使得分布在各地的领主们与他们的属下具有高度的人身依附关系。由老板和员工、姻亲亲家等关系的人们构成了一张人际关系的网络。而这个网络，就是构成中世纪欧洲社会的基础结构，其中最紧密的就是家族。从古代到近代演化的关键时期，给时代带来变革的力量仍然要借助于原有社会的传统，以家族的名义崛起，美第奇家族就是其中最重要的代表之一。

旧时代的力量推动了新时代的建立，这一点伴随了人类历史发展的始终。

在科西莫这里，美第奇家族已经完成了从农夫到金融巨鳄、从商业帝国操盘手到政治操控者的两级跳。接下来科西莫的孙子、大名鼎鼎的洛伦佐·美第奇要带领家族实现第三个跃升——人类文明的赞助者。

洛伦佐的外号叫“豪华者”，他是一个手里掌握着巨大家产和政治资源的世家子弟。然而难能可贵的是，他并不是一个游手好闲的纨绔子弟，而是一个励精图治、才华过人的开创者。洛伦佐站在祖父的肩膀上，不仅在佛罗伦萨只手遮天，他还当上了全意大利政坛的掌舵者。

此时的亚平宁半岛已形成五国对峙的局面，这五个国家分别是佛罗伦萨、米兰、威尼斯、那不勒斯和教皇国。洛伦佐的佛罗伦萨，在其中充当了调停矛盾、牵线搭桥的关键角色。

作为富有远见的政治家，洛伦佐把小儿子早早送入了罗马教廷。1513 年，他的这个儿子坐上了教皇的宝座，他就是著名的利奥十世。

◆ 教皇利奥十世

利奥十世是含着金汤匙长大，过着王子一般的生活，所有人都对他毕恭毕敬。在教皇普遍由老年人出任的时代里，他 14 岁当上红衣主教，38 岁就任教皇。

俗话说，“三代培养一个贵族。”作为洛伦佐的儿子、科西莫的重孙，利奥十世是一位在高雅生活情趣中长大的当之无愧的贵族，他不仅有钱挥霍，更懂得如何挥霍。例如，利奥十世在罗马大兴土木，让罗马重新焕发出了世界之都的风采。

有人说，利奥十世一辈子花掉了三辈子的钱：一是前任教皇攒下的钱；二是他当教皇时期的收入；三是他的继任者为他偿付的债务。这是实情，可是由他主持修建的建筑里，却不乏传世艺术精品。其中的代表作，就是经过彻底翻新的圣彼得大教堂。

为了翻新圣彼得大教堂，罗马教廷要承担天文数字的开支，利奥十世不得已，只好派人去欧洲各地兜售著名的赎罪券，把上天堂的资格，卖给肯出钱购买赎罪券的任何人。人们讽刺道，在购买赎罪券的现场，随着“硬币一声叮当，灵魂立马升入了天堂”。

我们在后面还会讲到，马丁·路德就是愤怒于教廷在德意志兜售赎罪券的罪行，才一怒之下于1517年发起了宗教改革运动。这让新教从此从天主教当中分离出来，这是继东正教与天主教分道扬镳之后，基督教阵营的再一次分裂。

在马丁·路德眼里，利奥十世是一个背叛了教会神圣教规的恶棍。不过，时过境迁之后再回过头来看当年的历史，如果没有利奥十世，又哪里会有今天富丽堂皇的梵蒂冈，哪里会有令无数基督教徒和游客惊叹不已的圣彼得大教堂呢？

“豪华者”洛伦佐的重孙女是法国历史上无人不知的王太后——凯瑟琳·德·美第奇。在教皇利奥十世的撮合下，还是少女的凯瑟琳，嫁给了法国国王亨利二世，她为法国生下了三位未来的国王，依次是弗朗索瓦二世、查理九世和亨利三世。亨利二世英年早逝后，凯瑟琳的三个儿子先后幼年登基，凯瑟琳以太后的名义，控制了法国的朝政。在很长一段时间里，凯瑟琳才是法国政坛的一号人物。

不仅如此，美第奇家族之后还连续出了两位教皇克莱门特七世、利奥十一世，以及后来的法王亨利四世的王后、法王路易十三的母亲玛丽。神权和王权领域，美第奇家族在当时的欧洲可谓风头无两，很难找到与其匹敌的对手。

但是美第奇家族之所以被历史铭记，不只是因为贡献出了上面这些呼风唤雨的大人物。政治人物尽管权倾一时，但大部分都要被时间所遗忘。美第奇家族，原本出身于农民，却在发迹之后，变成了具有完美品位的上等人。他们热爱艺术，懂得艺术，慷慨地资助艺术家。

毫不夸张地说，他们用真金白银，烧出了佛罗伦萨的文艺复兴，出自美第奇家族的多位罗马教皇、法国王后，又把佛罗伦萨的艺术光辉，播撒

◆ 乌菲齐美术馆

到了欧洲各地。

早在乔万尼·美第奇的时代，他就曾经拿出巨资，资助大画家马萨乔的创作。

马萨乔是如何回报乔万尼的呢？他在西方艺术史上，率先发明了透视法，这让原本局限于平面的绘画人物，有了空间的纵深感，让人物顿时活了起来，西方的绘画从此迈入全新的时代。乔万尼还慧眼识人，委托大建筑家布鲁内莱斯基来主持修建佛罗伦萨的地标——百花圣母教堂。这座举世无双的大教堂，最终在乔万尼的儿子科西莫时期宣告完工，并成为世界建筑史上的奇迹，至今仍然被认为是佛罗伦萨文艺复兴时期的建筑典范。

科西莫时代美第奇家族的财富与日俱增。科西莫对文艺事业的赞助，也达到了惊人的程度。科西莫是雕塑家多那太罗、雕刻家吉贝尔蒂、画家安吉利科和利比的幕后金主，是所有佛罗伦萨学者的知己和保护人。

1445 年，为了致敬古希腊文明，他出资创建了柏拉图学院，聘请大批人文主义者从事研究，当中不乏费奇诺这样名震欧洲的大哲学家。为了表示答谢，也为了方便交流，科西莫干脆送了一栋别墅给费奇诺。

“豪华者”洛伦佐·美第奇时期，更是被誉为佛罗伦萨文艺复兴的黄金时代。洛伦佐自小接受人文主义教育，是一名颇有造诣的诗人和艺术鉴赏家。他不惜花大价钱购买古典作品的手稿，用以扩充美第奇家族的图书馆。

他频繁组织哲学盛会，把最优秀的学者笼络到自己身边。他多次赞助波提切利、达·芬奇这两位绘画天才的创作，还对 14 岁的米开朗琪罗照顾有加。学者们猜测，正是在美第奇宫中度过的那段岁月，塑造了米开朗琪罗的艺术品位。

至于利奥十世与拉斐尔的交往，以及另一位美第奇家族教皇克莱门七世与成年后的米开朗琪罗之间的趣闻，更是早已成为艺术史上的佳话。没有利奥十世，就没有拉斐尔的《雅典学派》；没有克莱门七世，就没有米开朗琪罗的《最后的审判》。而若不是凯瑟琳·德·美第奇，把佛罗伦萨文艺复兴的果实传播到法国，法国也许不会在进入近代以后成为欧洲的文化中心。

美第奇家族的成员，实际统治了佛罗伦萨 300 多年，他们把高贵的艺术基因一代代地传承了下去，他们对艺术的赞助，为自己赢得了“文艺复兴教父”的美誉。

1600 年前后，歌剧也在美第奇家族统治下的佛罗伦萨诞生了。然而，就像再精彩纷呈的歌剧，也终会有落幕的那一刻一样，从 17 世纪开始，这个家族就再也没有贡献出伟大的统治者。美第奇家族终于耗尽了他们具有传奇色彩的家族基因，最后的几代美第奇统治者，大多身体衰弱、多愁善感、纵欲享乐、挥金如土，这或许是每一个历史上的豪门走向没落的必经之路。

身为美第奇家族的最后一位继承人，安娜·玛丽亚·美第奇临终前立下遗嘱，自愿将家族的所有艺术收藏品，全都无偿捐献给故乡佛罗伦萨，并且面向公众开放展出。自此以后，美第奇家族的收藏品，就作为佛罗伦萨和意大利的艺术遗产，一直保留到了今天。

人们去佛罗伦萨游览观光的时候，一定会去乌菲齐美术馆。你可知道，被称为“文艺复兴艺术宝库”的乌菲齐美术馆，曾经是美第奇家族的办公场所，“乌菲齐”的原意，就是意大利语的“办公厅”的意思。

人们去佛罗伦萨游览观光的时候，一定也会去圣洛伦佐教堂。你可知道，圣洛伦佐教堂曾经是美第奇家族的私人礼拜堂，里面的圣洛伦佐图书馆，存放着美第奇家族收藏的上万册古籍。

◆ 圣洛伦佐教堂

唐代大诗人刘禹锡的《乌衣巷》写道："朱雀桥边野草花，乌衣巷口夕阳斜。旧时王谢堂前燕，飞入寻常百姓家。"

虽然唐代的中国和文艺复兴时期的西欧并不具有可比性，但是这首诗所表达的现象却可以很贴切地形容美第奇家族所统治的这几百年。

前面我们讲过，文艺复兴在历史上具有承上启下的作用。美第奇家族的崛起充分证明了"家族"这个元素对欧洲历史至关重要的作用。或者我们也可以这么说，是"家族"的力量把欧洲推到了文艺复兴的门口。那么，是什么把欧洲推进了文艺复兴这扇门，并且使之最终走向了近代化的道路呢？在我看来，是资产阶级的诞生。

我们老在说资产阶级，到底什么是资产阶级呢？何谓资本？说白了，就是钱可以生钱，投进去的钱能够变出更多的钱，这就叫作资本。这个概念并不等同于"商人"，商人古已有之，但是近代意义上的资产阶级，是在生产技术、劳动契约关系都产生重大变动的条件下才诞生的。美第奇家族通过几代人的奋斗，成为他们所处时代最强大的资产阶级，才有力量推动历史的进步。以旧家族的名义崛起，蜕变为新的资产阶级。这就叫作从旧时代走来，又向新时代走去。从这一点上，也许我们可以窥探到"文艺复兴"这个宏大历史进程的一角。

距离美第奇家族的最后一位成员告别人世，已经过去了 200 多年。若你旅行到意大利，漫步在佛罗伦萨的长街小道，经过古老的圣母百花大教堂，眼见西斯廷礼拜堂叹为观止的壁画，掠过达·芬奇、米开朗琪罗、波提切利这些如雷贯耳的名字，一定不要忘记那荣耀后面的推手——美第奇家族站在整个佛罗伦萨背后，点燃了一把灿烂的火焰，照亮了黑暗的中世纪，指引着意大利奔向一条绚烂的复兴之路。

（杨盛翔）

双重国王查理五世：摇篮里继承欧洲，还想做世界主人

如果说中国秦汉以降历史的主旋律，是统一。那么欧洲近代以前历史的主旋律，就是分裂。

罗马帝国解体以后，欧洲历史上大约只有四次接近于统一。在这四次里面有三次是武力征服的结果，试图推动统一的分别是查理大帝、拿破仑皇帝和希特勒。但还有一次，完全出自历史的机缘巧合，是在欧洲封建社会的特定条件下，由政治联姻、家族繁衍所酿成的一次偶然事件。

它的结果，就是让一个摇篮里的孩子，继承了大半个欧洲。这个躺赢一生的孩子，就是后来的神圣罗马皇帝、西班牙国王查理五世。

神圣罗马帝国的历史前面我们有提到，它可以追溯到公元 962 年奥托大帝建国。在冗长的皇帝名单里，神圣罗马帝国已经有过四位查理了，所以本章的主角查理被称作查理五世。

与中国的帝制一样，在中世纪的欧洲，国王可以有很多，但皇帝只能有一个，他就是名义上的天下共主，是古罗马皇帝的指定继承人。而谁有

资格做欧洲的共主呢？

16 世纪的欧洲大陆，罗马教皇昔日的光辉逐渐暗淡，而在新兴的君主国家之间，争霸赛愈演愈烈。当时欧洲只有三个国家有资格来争夺这个皇帝之位。领土广阔、人才辈出的法国这时已经成长为举足轻重的大国，从中世纪战乱中逐渐复兴的英国，以及收复失地运动之后崛起的西班牙也都拥有着成为世界帝国的潜力。

然而，最后胜出者却是查理五世，在法兰克帝国皇帝查理曼大帝和法兰西第一帝国皇帝拿破仑一世之间的一段时间里，统治欧洲版图最广的皇帝便是他。

历史上为了获得权力，有的人依靠阴谋诡计，有的人依靠征战杀伐。与他们相比，从祖辈、父辈手中继承大片领土的查理五世就如同含着金汤匙出生的幸运儿，赢在了起跑线上。

查理五世的成功无疑是欧洲著名的哈布斯堡家族发家史的缩影。查理的爷爷是神圣罗马帝国哈布斯堡家族的皇帝马克西米利安一世。

马克西米利安很擅长把爱情和事业联系起来，小伙子人长得帅，又擅长打仗，还舍得花钱，家里债台高筑，他却不停地给女主播刷“火箭”，刷“法拉利”，终于从一群追求者中胜出，在 18 岁那年，迎娶了勃艮第公爵的独生女玛丽，也就是查理的奶奶。

马克西米利安为什么肯这么下血本呢？因为当时的勃艮第公国，远不只是今天法国东部盛产葡萄酒的勃艮第大区这么简单，它的手里还握有经济发达的尼德兰，后者大致相当于今天的荷兰、比利时和卢森堡。也就是说，勃艮第公爵的领地，南抵阿尔卑斯山，北达英吉利海峡。这片地区不但土地广阔，富得流油，还是兵家必争之地。将要继承庞大家业的玛丽，也被称为“富婆”玛丽，英文叫 Mary the Rich。

◆ 马克西米利安一世纪念碑

这样的玛丽，怎能不讨皇帝喜欢？

1477 年，20 岁的玛丽送走了战死沙场的公爵老爸，顺利继承了勃艮第公国。8 月，刚刚在民政局办完遗产过户手续的她，就和马克西米利安匆匆结婚了。

马克西米利安迎娶玛丽，是他实现对外扩张的重要步骤。两家婚事一办，今天的奥地利、德国、法国、荷兰、比利时境内的大片土地，就统统归他们哈布斯堡家族所有了。小两口最初的日子很甜蜜，婚后第二年，他们有了一个儿子，也就是查理五世的爸爸菲利普。

菲利普就是童话中那种高富帅的王子，他继承了老爸马克西米利安的美貌，人送外号“英俊的”菲利普。他与之前提到的法国国王“美男子”腓力四世一样，都是统治者里有名的帅哥。

这么一位背景煊赫的帅小伙一登上政治舞台，就自然地引起了欧洲舆论的热议。欧洲各国王室的注意力，都转向了“英俊的”菲利普。马克西米利安也抱着奇货可居的心态，把儿子菲利普当成了政治交易的筹码。当时欧洲最风光的王室，除了马克西米利安他们家，就要数西班牙费迪南和伊莎贝拉一家了。

于是，这两家人一拍即合。1496 年，费迪南和伊莎贝拉的第三个孩子，也即他们的次女胡安娜，前往尼德兰嫁给了马克西米利安唯一的儿子菲利普。胡安娜就是查理五世的母亲。

胡安娜的婚礼当时办得喜气洋洋，仿佛是西班牙国运蒸蒸日上的写照。可是，谁也想不到，费迪南和伊莎贝拉的孩子们却像是受到诅咒似的，没有一个能过上幸福的生活。

胡安娜的哥哥和姐姐死得都很早，而且要么没后代，要么夭折。这让胡安娜意外地成为西班牙王国的继承人。于是，1500 年 2 月，查理五世在今天的比利时诞生的时候，距离西班牙王国的王位，已经只有咫尺之遥。这是母亲胡安娜带给小查理的礼物。

没过多久，他父母之间的感情悲剧，甚至又帮了查理一把。

童话里王子和公主举办婚礼后，便过起了幸福的生活。可惜，这终究只是童话。

查理的父亲，“英俊的”菲利普在感情上却是个渣男。很有女人缘的他，私生活极其不检点。菲利普频繁婚内出轨，让胡安娜倍感沮丧。两个人的感情很快破裂，焦虑的胡安娜甚至患上了精神病。为此，历史上也把查理的母亲胡安娜，叫作“疯女”胡安娜。

精神失常的胡安娜，自然不能继承西班牙王位。但是菲利普自己，也很快遭到了报应。1506 年，菲利普出人意料地死于伤寒，把年仅 6 岁的查理五世，孤零零地留在了人间。

一方面，从小目睹父母失和，接着母亲发疯和父亲病故，这样的童年经历，一定给小查理留下了心理阴影。可另一方面，作为皇冠和王位的继承人，小查理却又迎来了天赐良机。

从菲利普病死的 1506 年开始，理论上这个 6 岁的小小少年，已经成为西班牙王国和神圣罗马帝国的第一顺位继承人。

这时候，西班牙王国的国王是小查理的外公费迪南；神圣罗马帝国的皇帝，是小查理的祖父马克西米利安，两个老爷子都已经没有儿子，而且年事已高。

接下来的事情就顺理成章了。

1516 年，费迪南去世。16 岁的查理作为费迪南的长外孙，当上了西班牙国王。1519 年，马克西米利安去世，19 岁的查理作为马克西米利安的长孙，当选为神圣罗马皇帝。

可能你会觉得有些巧合，从继承王位的角度来讲，这个孩子也太幸运了吧。相比之下，我们东方的故事中，总是出现因为争储而你死我活的情况，什么八王之乱、九子夺嫡啊，比比皆是。这种差异一定程度上是因为在基督教信仰的影响下，中世纪欧洲人婚姻的一些特点，比如欧洲的君主也得和百姓一样遵从一夫一妻制，不会像东方的君王那样广纳嫔妃。

当然，这种继承的格局，对查理个人来说，可能是幸运的，但是对于双方的王室，其实是有很大风险的。因为继承人越来越少，甚至于没有继承人的情况随时可能发生。一旦出现权力真空，其后果是不堪设想的。这一点，古今中外倒是高度一致。

开挂的人生给了查理让人羡慕嫉妒的资本，他不仅是神圣罗马帝国的皇帝，他还坐拥当时欧洲最富裕的两块地方——富饶的勃艮第和因新航路开辟暴富的西班牙。而一下子获得这么大的疆域，年轻气盛的查理会怎么做呢？是守着庞大家产肆意挥霍，还是意气风发想着大干一场呢？

欧洲的两个大国以及一大片富饶的地区，就因为两次联姻，同时臣服在了一位 19 岁的青年脚下。当然，按照惯例，查理五世并不能把他的所有领地，合并为一个统一的国家。实际上，他是以不同领地上的领主头衔，分别去统治各片领地。

所以，他既是神圣罗马皇帝，又是西班牙国王，也是卡斯蒂利亚国王、阿拉贡国王、那不勒斯国王，还是奥地利大公、勃艮第公爵、布拉班特公爵、卢森堡公爵、荷兰伯爵、泽兰伯爵、巴塞罗那伯爵……打个比方，假如生活在现代，他的身上会揣着十几张名片，他要去哪一块领地，就要掏出印有相应头衔的那张名片。如果把他的十几个皇帝、国王、公爵、伯爵的头衔，全部印到同一张名片上，恐怕一张小小的名片，是写不下那么多字的。就好像美剧《权力的游戏》中龙妈那一长串头衔一样，欧洲中世纪的统治者们经常会有不同的身份。了解了查理五世的身世之后，也许你就会明白，之所以要同时保留这么多头衔，是因为这些头衔背后的意义都是相互独立、无法合并的。

◆ 查理五世肖像

不过，人的欲望是无限的。就算已经拥有如此之多的头衔，查理五世还是不满足。

他还想做世界的主人。

1518 年 3 月，查理五世像 26 年前他的外婆伊莎贝拉接见哥伦布一样，也接见了另一名航海家。这名航海家的名字，注定要像哥伦布一样，被载入史册。

他的名字叫麦哲伦。

1519 年 9 月 20 日，得到查理五世资助的麦哲伦，率领 5 艘船、265 名船员，怀着个人的梦想，也带着查理五世的野心，驶离了西班牙塞维利亚港，开始了人类历史上的首次环球航行。

不幸的是麦哲伦没能活着回来。他在菲律宾卷入了当地土著的冲突，被当地人杀死。可是他的 5 艘船里，最小的那艘“维多利亚”号，在 1522 年 9 月 6 日，载着幸存的 18 名船员，返回了塞维利亚。

历时 3 年，麦哲伦和他的伙伴，接力完成了人类历史上第一次真正意义的海上环球航行。这次环球航行验证了一个特别重要的猜想，你说是什么，地球是圆的？不，这个此时已经不需要证明了。麦哲伦航行证明的是地球上的三大洋——太平洋、印度洋、大西洋是彼此连通的，这是大航海历史上非常重要的一个瞬间，可以说是人类向未知世界探索最高光的一个

◆ 查理五世访问法国

时刻。这也使得地球表面散落在大洋当中的这几片陆地——几个大洲被船等水上交通工具连成一体，成为一种可能。

正是在查理五世统治时期，西班牙人接连征服了美洲的两个印第安古国。1520 年征服了阿兹特克帝国，1533 年征服了印加帝国。

西班牙殖民者逐渐走遍整个美洲，今天的拉丁美洲之所以西班牙语使用最广，就是因为这段历史。西班牙通过大航海一跃成为当时欧洲最强大的国家，他们甚至早于英国成为真正意义上的“日不落帝国”。查理五世的帝国，领土遍布欧洲、非洲和美洲。

查理五世是幸运的，他的庞大帝国最初是靠继承而来的。他一出生，就拿了一手好牌，甚至可以说是自查理大帝以来，欧洲所有统治者手里，最好的一副牌。他和麦哲伦互相成就，在前人的肩膀上他收获了前所未有的荣耀。

然而，因为他不仅在欧洲拥有前所未有的广阔领土，还与另一个航路开拓者葡萄牙通过签订《托德西利亚斯协议》《萨拉戈萨协议》将世界像切西瓜一样瓜分了。这引起了欧洲其他国家的眼红和嫉妒，首当其冲的当属法国了。

查理五世做了 40 年西班牙国王、37 年神圣罗马皇帝，他有雄心有抱负，他渴望统一分裂的德意志，甚至整个欧洲。然而不管是自愿的还是被动的，他的存在就是树敌，在欧洲的处境无异于当时垓下之围的项羽——四面楚歌。不同的是查理五世家底够厚，短时间内胜败尚不可知。

在西线战场，他和老对手法国，在意大利的战场上缠斗了小半个世纪。虽然查理五世一度俘虏了法国国王弗朗索瓦一世，却终究无法彻底打垮法国，反而为了应付这场持久战，消耗了大量精力。

在东线战场，查理五世自觉担负起欧洲保卫者的角色，与来势汹汹的

◆ 查理五世在马上的雕像

奥斯曼帝国正面硬刚。

这时候的土耳其人才灭亡拜占庭帝国不久，正由举世公认的明君“立法者”苏莱曼一世统率，处在国力的最顶峰。为了保护基督教世界，查理五世多次调集手里的全部军事资源对抗，付出了惨重代价。

抛开战争的输赢，从欧洲的角度来说，如果不是上帝安排查理五世在16世纪初，由于种种机缘巧合继承了大半个欧洲，将大半个欧洲资源整合起来的话，苏莱曼一世是否会攻入欧洲腹地，伊斯兰的星月旗是否会取代基督教的十字架，恐怕还真说不准。

令人哭笑不得的是，查理五世对抗奥斯曼帝国、保卫欧洲的努力，并没有换来所有欧洲人的支持。他在东西方向上的两大强敌法国人和土耳其人竟然本着“敌人的敌人就是我的朋友”的原则，在1536年、1542年两度联合起来，把查理五世当成了共同的对手。

浪漫的法国人，脑回路总是很清奇，他们与土耳其人结盟，打破了基督徒和穆斯林历来针锋相对的僵局。抛开宗教认同，他们的选择，既符合战国时期秦国“远交近攻”的战略，又体现了19世纪英国首相迪斯雷利的名言：“没有永恒的敌人，也没有永恒的朋友，只有永恒的利益。”

最后，查理五世只好与法国、奥斯曼帝国先后缔结和约，结束了这两场旷日持久却收获甚微的大战。

除了在对外战争中损兵折将，查理五世还陷入了国内战争的泥潭。

1517年，暴脾气的马丁·路德在德意志振臂一呼，发出宗教改革的先声。

此后，新教作为一种新兴的、代表历史发展潮流的意识形态，越发变得不可阻挡。孰料，查理五世却在天主教与新教的斗争中，狂热地站在天主教一方，试图扼杀新教，逆历史潮流而行。

你可能不禁疑惑：此时的查理五世是真的糊涂了吗？其实查理五世没得选，作为两大封建王室的共同继承人，查理的出身就决定了他必须要和传统的教会势力站在一起。不管他能不能判断出历史的走向，在事件爆发的当时，他都无法立刻做出转变。统治者能够与新思潮达成妥协，是几十年甚至上百年之后的事情了。

他横下一条心，与日渐壮大的新教势力为敌。从1546年到1555年，双方鏖战十年，查理五世始终不能取胜，只好与新教势力签订和约。

这场国内战争，削弱了查理五世对德意志的控制力，他统一德意志的梦想，也以破产告终。

回头来看，查理五世生来便握有一副羡煞旁人的好牌，却也因为握有好牌，叫了地主，成了牌桌上的众矢之的。他空怀理想，四面树敌，结果敌人像“打地鼠”游戏里的地鼠一样，一个接一个冒出头来。

一开始，他主动出击，到后来，却只有做救火队长的份儿，哪里狼烟滚滚，就赶去哪里救火，完全被局势牵着鼻子走，失去了战略上的主动地位。

1556 年，心灰意懒的查理五世，在饱尝了人间的大起大落之后，决定主动退位，归隐江湖。他做出了一个影响深远的决定，把西班牙王国及其海外殖民地传给儿子腓力二世，把神圣罗马帝国传给弟弟费迪南一世。这样，他的祖父马克西米利安、外公费迪南分别传给他的两块家产，就再一次分崩离析了。

退位后，身心俱疲的查理五世，选择去修道院度过余生。两年后的

◆ 西班牙查理五世王宫

1558 年，他在痛风病的折磨下撒手人寰。

将欧洲凝聚为一个整体的希望，也伴随着他的退位和去世，重新变得遥不可及。而后的欧洲更是风云骤起，宗教改革、海外殖民地争夺，故事一个比一个“精彩”，世界的面貌也逐渐清晰，真正的世界历史开始啦。

（杨盛翔）

为了主义还是为了生意：马丁·路德和亨利八世的宗教改革

鲁迅先生的《阿 Q 正传》许多人都读过，其中描写的“革命”仿佛是一个利益纠缠的大染缸。赵秀才和假洋鬼子相约去革命，却首先砸了尼姑庵，还顺走了一件值钱的古玩——“观音娘娘座前的一个宣德炉”。

而白举人革命，不过是政治投机，改头换面之后，又以“帮办民政”的名义，继续做统治阶级。

至于阿 Q 的革命动机，更是说不清、道不明，赵老太爷打他的那一巴掌、追求小尼姑的恋爱失败、维持生计的困难，可能共同驱使阿 Q 走上了他个人的革命之路。

16 世纪的宗教改革，也是如此。

历史书里是这样描述宗教改革的：这场宗教改革是波及全欧的思想革命。它打破了天主教的一家独大局面，让新教站稳了脚跟，为资本主义的诞生营造了自由、多元、宽容的宗教环境。

但这是一种常见而笼统的概括。在经历过文艺复兴、帝国战争和新航路开辟等一系列剧变的欧洲，与其说宗教改革是一场思想文化运动，不如说宗教改革是一场披着宗教外衣的政治革命，封建王侯、普通民众、教会内部的宗教人士都参与其中。他们每个人、每个群体的诉求都不一样。甚至其中的许多历史细节，正如《阿Q正传》一样让人看后啼笑皆非。

◆ 德国神学博士马丁 · 路德

比如，本章我们要说的两位推动改革的关键人物，既有马丁 · 路德这种相对单纯的宗教学者，也有亨利八世这种只顾个人利益的英国国王，两个人推动改革的动机，简直有天壤之别。到底是为了信仰还是为了生意，是一个值得聊聊的话题。

先说马丁 · 路德，他出身于小企业主的家庭，很早便拿到神学博士的学位，后来一度听从父亲的指令，改学就业率很高、薪酬也很诱人的热门专业——法律专业。

可是路德发觉，自己心中的“诗和远方”依然是神的事业。于是他毅然退学，加入修道院，做了一名修士，后来更凭着学识和人品，晋升为神父。

可以说，这是一位信仰虔诚的典型学院派知识分子。

1510 年，路德被所在的修会派往罗马办事，亲眼看见了罗马教廷的道德败坏。回到德意志后，他苦心研究《圣经》，领悟出与正统天主教会不同的教义思想——“因信称义”。

要想理解“因信称义”，我们就有必要先理解在此之前天主教会的基本想法，那会儿叫作“因功称义”。简单来讲，所谓“因功”就是干好事儿；所谓“称义”就是获得救赎，上天堂。简单说就是，干好事就能上天堂，而最直接、简便的好事就是给教堂捐钱。而马丁·路德所主张的“因信称义”直接拒绝了这一点，他认为凡人只要凭着对上帝的真心信仰，就能获得上帝的恩典，并因此得到灵魂的救赎，与教皇的赦免无关。每一个普通人，都可以直接与上帝对话，自行理解《圣经》的经文，而无须再由教士做中间商，由他们这边帮普通人给上帝带话，那边帮上帝给普通人解释经文——更何况这个中间商，还要赚取高额差价。

从字面来看，是这个意思。

之前我们提到过的，出身于佛罗伦萨美第奇家族的利奥十世，当上了罗马教皇。这个教皇很有艺术品位，决定重修圣彼得大教堂，为了募集资金，利奥十世派人去欧洲各地兜售赎罪券。

“走过路过不要错过，赎罪券大甩卖了！”

所谓赎罪券，从来不见于《圣经》的记载，完全是中世纪罗马教廷的一大发明。教廷宣称，耶稣基督和历代圣徒的功德，都已经像存进银行一样，积攒了起来，这就是“剩余功德”。普通人谁活着没犯过错呢？犯错不要紧，只要你有钱，就可以从教会那里购买赎罪券，然后根据面值，赦免相应额度的罪行。你要是钱花得足够多，甚至可以把自己的灵魂彻底洗白，变得像婴儿一般纯洁无瑕。

“啊，你要我呢？”

赎罪券的这套理论，完全违背了路德所学到的教义。

首先，怎么可以不向上帝虔诚忏悔，只靠花两个钱，就赦免罪行呢？干了一辈子的坏事，只要临死前多买几张赎罪券，就能比买不起赎罪券的

◆ 对马丁 · 路德的审判

良善百姓，先上天堂吗？弯道超车有这么超的吗？

其次，教皇凭什么代替上帝，赦免普通人的罪行？他利奥十世，不就是洛伦佐 · 美第奇那个银行家的儿子吗？

还有，《圣经》里压根儿没有关于赎罪券的记载，是谁给了教皇勇气，无视《圣经》，做这种空手套白狼的买卖？耶稣基督的功德，难道是你美第奇家银行里的存款，可以随时存取吗？

更别说，你还收那么高的手续费！

1517 年 10 月 31 日，路德贴出了他抨击罗马教廷的《九十五条论纲》。这个帖子很快上了热搜头条，再也没有沉下去。

本来，路德是个书呆子、愣头青，他只管做，没有去想能不能成。可是偏巧，他赶上了一个好时代。

就在路德发起宗教改革的半个世纪前，他的德意志老乡古腾堡刚刚发明了活字印刷术，时间大约在 1440 年。

活字印刷术在欧洲出现后，立刻带动了印刷业、出版业的极大繁荣，路德的教义思想，还有他从拉丁语翻译成德语的《圣经》，很快出版上市，成为大卖特卖的畅销书。

赶上了这个风口，路德在短短时间里成为超级明星，赢得了一大批粉丝。人们奔走相告，争相传播路德的新教思想。但是思想只是催化剂，真正能和权力对抗的只有权力本身。在背后支持路德、保护路德、为路德提供实质性帮助的，是神圣罗马帝国境内一些脑后长有反骨的诸侯。

这是因为天主教会是中世纪欧洲最大的地主，全欧洲的土地，他们家占了 1/3。帝国境内的这些诸侯，早就对天主教会名下的土地虎视眈眈了。既然支持路德的新教，打倒天主教会，就能收回这笔地产，那还有什么说的，抄家伙上啊！

路德在发起宗教改革后，被支持新教的诸侯长期保护了起来。他安心写文章，并没有直接出面领导改革运动。

也可以说，路德的宗教改革，之所以从书斋中的教义辩论，发展为如火如荼的改革运动，其实与路德本人关系不大，反倒是与支持、利用了路德教义的各地诸侯密不可分。

宗教改革中的这个现象，其实在历史上是反复出现的。就像《阿 Q 正传》中描绘的那样，每当社会要发生变革的时候，不同势力、不同身份的人就都会参与其中，而他们的动机各有不同。马丁·路德的宗教改革表面上虽然只是抨击天主教会，但是因为背后支持者是封建诸侯，政治权威也将会在这场运动中被挑战。

如果说德意志诸侯支持宗教改革，只是为了打击教会以获得土地，那欧洲其他的封建主为了保护自己的权威，是应该支持还是极力反对呢？在不同利益的驱使下，他们的选择会是什么呢？

◆ 亨利八世

宗教改革的另一个主要阵地是在英格兰。不同的是，那里的宗教改革，是由国王亨利八世自上而下推动的。亨利八世之所以做出这样的选择，居然是因为他想要离婚。

在宗教改革刚开始的时候，亨利八世还是积极站队在罗马教廷和天主教教义这一边的，他不仅反对马丁·路德，还公开撰写文章，批判路德的新教教义。

“乡亲们，乡亲们，下面收听最高领袖亨利八世的最新指示。”

甚至他的文章得到了罗马教皇的高度赞赏并在朋友圈转发，各地主教纷纷点赞。

可是，亨利八世却有一个埋藏在内心深处的烦恼。他的夫人，阿拉贡的凯瑟琳，一直没有生下儿子。或者确切地说，他们虽然曾经有过三个儿子，但都夭折了。这么多年以来，他们只有一个女儿玛丽公主长大成人。

现在，英国有伊丽莎白女王，可那个时候英格兰并没有女王临朝的先例，更要命的是，玛丽公主此时已经和法国联姻，要是亨利八世还没有一个男性继承人，那在不久的将来英格兰不就成了法国的海外行省了吗！

不行，这种事情绝对不能发生。

到 1525 年，王后凯瑟琳已经 40 岁，亨利八世认定凯瑟琳再也无法生下男性继承人了。大约从这时候开始，他和王后身边一位年轻的女侍从安妮·博林眉来眼去。

这位安妮·博林不仅出身贵族，美艳动人，还去法国巴黎留过学，喝过洋墨水。外表粗糙、内心柔软的亨利八世，顿时陷入爱河，无法自拔。

“啊，国王也只能有一个老婆？中国皇帝不是妃子随便找吗？”

“基督教要求一夫一妻，国王也不例外。”

“我要退教。”

当然，暗送秋波是一回事，明媒正娶又是另一回事。为了让安妮·博林当上王后，正正当当地为自己生出王子，他必须先和凯瑟琳解除婚约。

按照正统的天主教教义，离婚是一件大事，更不要说是国王夫妇的离婚。让这件离婚案变得尤其棘手的，还有凯瑟琳的身份。凯瑟琳可不是一般人，她是名震欧洲的前西班牙国王费迪南与伊莎贝拉的女儿，也是当时的西班牙国王、同时身兼神圣罗马皇帝查理五世的小姨妈。我们前面说了，查理五世那可是当时欧洲政坛的头号权力人物，不仅拥有大半个欧洲，还掌握了非洲、美洲的大片殖民地，建立了人类历史上第一个“日不落帝国”。

亨利八世的英格兰固然强大，但要跟查理五世的帝国比起来还得靠边站。当朝的罗马教皇绝不会傻到因为凯瑟琳没生出儿子，就批准亨利八世的离婚申请，从而得罪查理五世。

这场离婚案一直拖到了 1533 年，这时候亨利八世也已经 42 岁了。眼看教皇克莱门七世一直打太极，亨利八世再也压不住心头的怒火。

当年1月，在没有获得教皇许可的情况下，亨利八世与安妮·博林秘密结婚。可惜纸里包不住火，得到消息的克莱门七世，立刻宣布将亨利八世驱逐出教。

作为报复，亨利八世做出了一个惊世骇俗的决定，在他的授意下，英格兰国会宣布英格兰将脱离罗马教廷的控制。从此之后英格兰国王将取代罗马教皇，成为英格兰教会唯一的最高领袖。

接着，坎特伯雷大主教克兰麦代表英格兰教会宣布：亨利八世与凯瑟琳的婚姻关系解除，他与安妮·博林的婚姻合法有效。

到这时候，亨利八世已经豁出去了。身高一米八三，长着一头红发，挺着将军肚的亨利，连续召开八次议会，通过了一系列推动宗教改革的法案。

英格兰教会原先占有的土地，被收归王室所有。英格兰不再向罗马教廷缴纳什一税，英格兰国王作为国内教会的领袖，有权制定教规、任命主教。总之，英格兰教会从此脱离了由罗马教皇领导的天主教系统，成了一个由本国国王亲自领导的、独立的教会体系。

亨利八世的宗教改革引起了轩然大波。因为个人的婚姻问题，不惜改变整个国家的宗教信仰，亨利的任性刷新了欧洲人的“三观”。就连备受亨利八世信任的英格兰大法官、名著《乌托邦》一书的作者托马斯·莫尔，也公开反对亨利八世的改革。

对此，亨利八世的反应很决绝。抱着挡我者死的心态，他操纵议会，于1534年颁布《叛逆法》，将所有不承认国王是教会领袖、否认国王再婚合法的人，全部处死。连老朋友莫尔，也被亨利送上了断头台。相传，当时的伦敦桥下到处都是被处决者的尸体碎片，他们的头颅、四肢、内脏被故意扔在那里，展示给过往的行人看。

两年后，亨利八世的原配王后、阿拉贡的凯瑟琳去世，给她看病的西班牙医生一口咬定，王后是被亨利派人毒死的。

不知此时的亨利能否回想起，十几年前他写给凯瑟琳的情诗：

“冬青常绿，不变其色，我亦如此，永爱吾妻。”

那么，付出巨大代价再婚的国王，解决了传宗接代的问题了吗？

一些历史学家和医学家怀疑，亨利八世的健康一直存在问题。包括凯瑟琳在内，风流成性的亨利八世一生娶过 6 位王后，她们要么怀不上孩子，要么频繁流产，或者胎死腹中。亨利八世只有 3 个儿女活到成年。这 3 个儿女，日后分别继承了英格兰王位，他们就是玛丽一世、爱德华六世和“童贞女王”伊丽莎白一世，可是他们当中，竟没有一个人留下后代。这一事实很可能不是受了什么诅咒，更与亨利的几位王后无关。其中真正的缘由，还在于亨利本人——他可能很早就因为寻花问柳，感染上了梅毒，并且传染给了自己的儿女。

果真如此的话，凯瑟琳就太冤枉了。不仅如此，被迫放弃了天主教信仰的英格兰人民，又该找谁说理去？

尽管如此，亨利八世强势主导的英国宗教改革，虽然不是一帆风顺，但还是势不可当地走了下去。尽管历史事实是相对清楚的，亨利为了离婚而和罗马教廷闹翻，而离婚的目的是想要孩子。这个原因看上去很私人化。但是从另一个角度来看，也可以理解为世俗王权强化的一个象征。

我们在之前的故事中强调过，西欧中世纪历史的一条重要线索就是王权和教权的争斗。而当英国和德国这两个地方都向传统教会势力发起严峻挑战的时候，这个矛盾也就到了决出胜负的时候了。

主义就是理想，生意就是利益。理想和利益交织在一起，就成为不可阻挡的潮流。亨利八世的离婚案确确实实推动了英国历史的进步，英国人自己掌握了自己的教会。某种程度上，这为英国资本主义的发展打下了坚实的基础，也促进了英格兰民族意识的觉醒。但它也仅仅算得上是一根“导火索”，单单凭借国王一个人的力量，还不足以撼动天主教根深蒂固的基础，更主要的原因是英国与天主教的矛盾由来已久。

经过从德意志到英格兰的宗教改革运动，罗马教廷的势力虽没有被彻底打倒，但是它也无法再像以前那样拥有巨大的权力，轻易左右世俗世界的面貌。宗教改革之后，教会和王权在一定程度上达成了妥协。

社会结构因此发生了根本的改变。文艺复兴发生了，那么走出中世纪、迈向近代化，就成为欧洲历史的下一个篇章。

（雷思温，杨盛翔）

文明的故事

桅杆之下

THE STORY of CIVILIZATION

哥伦布发现新大陆：西班牙开挂的那一年

在鲁迅先生的小说《阿Q正传》里，备受欺负的阿Q，常常提醒别人："我们先前——比你阔得多啦！你算是什么东西！"

至于阿Q祖上究竟是否阔过，阔到何种程度，鲁迅先生却没有详谈。

在西方国家里，如果说有哪个国家，情况有些类似阿Q，恐怕要算是西班牙了。当然，就算是受人欺负的阿Q，也还是有一膀子力气，可以反过来欺负一下小尼姑。今天的西班牙，至少还在发达的工业化国家之列。

不过呢，西班牙这个发达国家，却不在西方的七国集团、也就是G7当中。这就意味着它算不上是传统意义上西方最发达的工业化国家行列。而在前些年欧洲的经济低谷期中，西班牙更沦落为"金猪四国"之一。所谓"金猪四国"，就是四个经济不景气的欧洲国家。因为它们国名的首字母，正好可以拼成"猪"，也就是"pigs"这个单词。"pigs"当中的"s"，就是为西班牙的Spain量身定做的。金猪四国另外三家，是葡萄牙（Portugal）、意大利（Italy）、希腊（Greece）。

幸运的是现在的西班牙经济已经在好转，正逐渐摆脱小猪佩奇的形象。其实，西班牙仍然是一个重要的发达国家，只不过跟历史上的西班牙比，差得太远太远了。

历史上的西班牙有多牛呢，它可以称得上是自有世界历史以来第一个真正意义上的世界性强国。在它面前，“日不落帝国”——英国也只能是小弟。

在新航路开辟使世界开始连为一体以前，各个地区都曾经涌现出不可一世的超级强权。但无论是东亚巨无霸中国，还是国土中央夹了一层地中海、仿佛是三明治一般的古罗马，虽然它们都自以为是世界的中心，却终究只是主宰一方的地区性霸主。

可是15世纪新航路开辟以后，作为大航海时代的发起人，葡萄牙人和西班牙人，率先走向了全世界。在这个过程中，葡萄牙因为先天发育不足，全国上下只有100万人，终究无法建立世界性的霸权。国家规模足够大的西班牙，抓住了机会，把旗帜插遍了从墨西哥城到布宜诺斯艾利斯、从关岛到马尼拉的世界各地。

这还不包括它在老家欧洲的地盘呢，鼎盛时期的西班牙，曾经把今天的葡萄牙、荷兰、比利时、大半个意大利，全都纳入到自己的名下。

历史学家们公认，16—17世纪的西班牙王国，是人类历史上第一个全球帝国和世界殖民帝国，是第一个日不落帝国。

当然，一切伟大的故事，总有它的起点。西班牙在近代历史上的辉煌，可以上溯到一个看似寻常的年份——1492年。

那一年，是中国大明朝的弘治五年。弘治皇帝也叫明孝宗，是明朝中后期少见的正经皇帝。他在位时期，明朝政治安定、经济繁荣，被历史学家称为“弘治中兴”。

如果说那一年的明朝，在国力运行的高位上保持了稳定。那么 1492 年的西班牙，就是当上了暴发户，迎来了国力的爆炸式发展。

首先，在这一年的第二天，也就是 1 月 2 号，西班牙就完成了一项耗时 700 多年的历史性任务。那一天，穆斯林在西班牙的最后一处据点格拉纳达王国，正式向基督徒投降。这标志着穆斯林在伊比利亚半岛上长达 700 多年的统治，就此走向了终点。

这就是所谓的“收复失地运动”。为什么被称为是“收复”失地呢？这还要从久远的西班牙历史说起。

早在公元 2 世纪，罗马帝国便基本统一了环地中海地区，这当然也包括西班牙。罗马帝国统治了几百年后渐渐衰亡，之后环地中海地区再没有形成一个统一的政权，罗马帝国的各个行省则渐渐被不同的民族所统治。

西班牙在西罗马帝国灭亡后被西哥特人占领，于是进入西哥特王国时期。需要说明的是，罗马帝国信奉天主教，而占领西班牙的西哥特人久受罗马文化熏陶，也皈依了天主教。所以西班牙地区自罗马帝国时期便深受天主教影响，这一传统一直持续到现在，如今的西班牙人也一直为其天主教文化而自豪。

然而随着阿拉伯人的兴起，西班牙地区的宗教版图发生了变化。公元 7 世纪时，一支穆斯林军队从北非横渡今天的直布罗陀海峡，入侵西哥特并杀死了西哥特国王，将几乎整个伊比利亚半岛变成阿拉伯帝国的总督区。现在的直布罗陀海峡就是以这次战役的阿拉伯将领名字命名的。阿拉伯人的野心其实还要更大，在占领伊比利亚半岛后继续北上，但东北部的查理曼帝国与后继的法兰克王国阻止了阿拉伯人的北伐，于是整个西欧从此在宗教意义上分裂成天主教地区和穆斯林摩尔人统治的西班牙地区。

就这样，整个伊比利亚半岛，变成了阿拉伯帝国倭马亚王朝的一个西部边疆省份。想象一下，穆斯林统治着一堆天主教徒的情形是怎样的呢？

这也难怪西班牙人长达数百年想要推翻穆斯林统治，收复被占领的伊比利亚半岛。

中世纪西班牙的历史，就是一部北方天主教徒与南方穆斯林之间的斗争史。头几百年里，在穆斯林眼中，那些基督徒不过是一些山区的土匪，穷得叮当响，还没有文化，就知道打打杀杀。那时候的科尔多瓦，不仅是穆斯林世界的明珠，还是世界上最发达的城市之一，有好几十万人口，城里遍布广场、大街、喷泉和花园，甚至建立了完善的城市照明系统。

然而，就这么僵持了几百年，北方山区里的天主教徒们竟然愈挫愈勇，始终不能被穆斯林征服，或者同化。11 世纪以后，他们甚至发起了反攻，开始一点点向南扩张，收复失去的地盘。

在收复失地运动过程中，天主教徒建立起了许多分裂的政权，随着阿拉伯人的一步步被击退，西班牙人渐渐形成了东西两大势力，分别是半岛中部的卡斯蒂利亚王国和以半岛东北部的巴塞罗那为中心的阿拉贡王国。

后来卡斯蒂利亚王国与阿拉贡王国组合成共主联邦，西班牙王国才正式形成。而这个合并过程，说起来还有点浪漫。

1469 年，一对热恋中的青年男女私奔了。他们俩找了个教堂，叫来神父，匆匆忙忙私定了终身。这一对勇敢的男女，就是卡斯蒂利亚的公主伊莎贝拉和阿拉贡的王子费迪南。

当然，事情的全部经过没有这么简单，两人的结婚背后还夹杂着各自国内政治派系的斗争、亲人的反目、朋友的背叛等狗血剧情。

但简而言之，经过一番血雨腥风的斗争后，这两位青年人都很幸运。

1474 年，伊莎贝拉顺利即位，成了卡斯蒂利亚王国的女王。

1479 年，费迪南也顺利即位，成了阿拉贡王国的国王。

这么一来，两人之前的婚姻，就把现在的两位国王变成了一家人。

两边的国王都是两口子了，两个国家合并在一起，不奇怪吧？

由此，1479 年，也就是费迪南即位的当年，卡斯蒂利亚和阿拉贡也宣告合二为一，这就有了现代的西班牙王国。

西班牙王国收复失地运动的成功还只是开始，1492 年后的西班牙才是真的开挂了。随着两大王国的合并，现代意义上的西班牙王国就诞生了。加上西边相对弱小的葡萄牙，伊比利亚半岛的政治格局，从这时候开始就已经成形了。

如果说收复失地运动，是对过往历史的交代，那么，同样在 1492 年，西班牙人还做了一件大事，这件事将会决定国家的未来。

这年 4 月，费迪南和伊莎贝拉接见了一位来自意大利热那亚的航海家，这个人的名字放在今天无人不晓，他叫哥伦布。可是在当时，这个人却被认为是个疯子。

哥伦布从小熟读一本书，书名叫《马可 · 波罗游记》。读这本书并没有什么奇怪的，在当年的欧洲，《马可 · 波罗游记》是年年大卖的畅销书，几乎人人都会读这本书。

但不同的是，很少有人像哥伦布那样，一心一意地相信马可 · 波罗关于东方的夸张描述都是真的。书里说东方的人们都像天使一般，那里的地上都铺着黄金！

哥伦布 14 岁就开始航海，他立下了一个志愿，要带领自己的船只，开往印度。

当时的欧洲人都在向往去印度和中国。最早把想法付诸实践的，是葡萄牙人。这个地处西欧边陲的小国，被西班牙包围，不可能在陆地上寻求扩张，只好把注意力转向汪洋大海。

葡萄牙人的办法，是沿着非洲海岸一路向南。他们是非常出色的水手，他们以自己的发现，击碎了长期以来笼罩着欧洲的一些谣言。

◆ 意大利航海家哥伦布

例如，中世纪的欧洲人一直以为，越往南走，天气就会越热，温度会越来越高，直到把人烤焦，变成一块木炭，所以向南航行绕过非洲，是不可能做到的。

可是葡萄牙人创办了水手学校，有计划地组织水手们，一队接一队地向南进发，每一队仅仅向南多走几十海里，就这样一步步地穿过赤道，终于在 1488 年绕过了非洲南端的好望角。

葡萄牙人惊喜地发现，自己还活得好好的呀，并没有烤成木炭。唯一的变化是他们在热带待得太久，晒得黑黢黢的，看起来倒的确像一块木炭。

哥伦布觉得一直向南航行，绕过非洲这个方法，辛苦不说，路途还遥远。而他始终相信如果地球是圆的，与其辛辛苦苦地一路绕过非洲，不如一路向西，从反方向直接去往印度，根据他的测算，那条路会比绕行非洲近得多。

这是一种可怕的逆向思维。

一方面，在哥伦布的时代，大部分人并不像哥伦布和今天的我们这样，相信地球是圆的。万一地球是个平板电脑，你往西走到尽头，掉下去

◆ 纪念哥伦布航海的模型

了呢?

另一方面，哥伦布确实低估了往西走的路程。事实证明，往西走，横穿大西洋、美洲、太平洋的这条路，并不比绕行非洲省时、省力。

哥伦布先是向葡萄牙国王兜售他的航行方案，吃了个闭门羹。这并不奇怪，葡萄牙人这时已经掌握了绕行非洲的航海路线，没有必要放弃眼前的航线，去跟他鼓捣一条未知的新航线。而且他们的航海经验更丰富，他们准确地判断出哥伦布关于地球体积的推断，以及在此基础上对西行之路做出的距离计算，根本就是错误的。

被葡萄牙拒绝的哥伦布仍不死心，他就像今天的创业者一样，又怀揣着自己的伟大计划，去了西班牙。没想到，在那里他当真遇见了自己的天使投资人。

赶走了穆斯林的西班牙人，现在最迫切的需求，已经不是抗击外敌，而是对外开拓获取财富。

眼看葡萄牙人发现了绕行非洲的新航路，并且垄断了这条航线，向来把葡萄牙当成小兄弟的西班牙，终于沉不住气了。刚刚打完仗的费迪南和伊莎贝拉，抽空把哥伦布召进宫中，听他描述了这个不亚于天方夜谭的计划。

◆ 哥伦布登上一艘船

然后，费迪南那边就没有下文了。

大概男人的眼光常常要务实一些，换句话说也要短浅一些。女王伊莎贝拉就不是这样，她的情怀，她的愿景，她的格局，被哥伦布的一番忽悠唤醒了。她心里可能是这么想的：

"按照哥伦布的忽悠，往西走，不用和葡萄牙抢地盘，还省钱省时间，为什么不试试呢？反正又不是我们自己去，让这个热那亚人打头阵，大不了赔上几艘船，又算得了什么呢？"

创新，在最开始的时候，往往就是赌博。

伊莎贝拉决心赌这一把。她拿出自己的私房钱，为哥伦布添置了三条船，这三条船小得可怜，以今天的标准来看，甚至小到有点不太适合闯入茫茫大海，去探索未知世界。

一根筋的哥伦布却顾不得这些，他带上 100 个亡命徒，于 1492 年的 8 月 3 日，踏上了西行之旅。

◆ 哥伦布登上美洲新大陆

转眼间，时间来到了 10 月份。费迪南和伊莎贝拉忙着处理朝政，忙着给儿女们安排与欧洲各国王室的政治联姻，早就不太把那个热那亚人的死活放在心上了。

他们还不知道，10 月 12 日哥伦布已经抵达了美洲。准确地说，哥伦布抵达了他自以为是印度的美洲。

当地的原住民大概尝试跟他解释过，这里不是什么印度。可他听不懂，大概也懒得听，他从小就想去印度，所以这里必须是印度。接下来按照这种合理的推断，这里的原住民想必就是印度人了，那就叫 Indian，称为印第安人好了。

只有偏执狂才能干成大事。

准确地说，发现美洲的不是哥伦布，早在几万年前，印第安人就已经

◆ 哥伦布航海回到西班牙

沿着结冰的白令海峡，从欧亚大陆迁徙到了这里。

哥伦布甚至不是第一个到达美洲的欧洲人。我们在聊维京海盗时谈到过，在此几百年前，没有文化但身体很好的挪威海盗，就已经抵达了加拿大的纽芬兰。只不过由于后来全球气候周期性变冷，大约就在哥伦布抵达美洲的几十年前，这些挪威人才扛不住冻，返回了欧洲老家。

但是，这并不意味着哥伦布的壮举不重要。他的发现使得美洲真正进入了旧大陆的文明视野，成为新航路的一部分。一张全球性的贸易网络正在加速形成，西班牙成了推动全球化进程的首要功臣，也是全球化的第一个主要受益者。

得益于哥伦布的发现，西班牙走上了国家崛起的快车道。美洲的大量黄金、白银被运回西班牙。

西班牙的商船，在从墨西哥到菲律宾中转、再最终抵达中国的航线上飞驰，把美洲的白银输入中国，再换回中国的瓷器，倾销到欧洲，牟取了惊人的利润。

这就是西班牙的 1492 年，一个南欧小国在短短 1 年间，不仅赶跑了欺负了自己 700 多年的老对手，还走上对外扩张之路，把星辰和大海设定为自己的征途。当时的西班牙可谓风头无两，组建的无敌舰队也的确名副其实，放眼世界无人能敌。

哥伦布跳上美洲陆地的那一刻，可以与阿姆斯特朗登上月球的那一幕相提并论，那是他们自己的一小步，却是自己国家和人类历史的一大步。

（杨盛翔）

新航路的开辟：欧洲人追逐香料与财富之旅

桂皮、八角、肉蔻、胡椒，如今这些香料在我们的菜肴中早已司空见惯。但是，在500多年前的欧洲，这些香料是不可多得的珍品。香料之所以在欧洲如此珍贵，主要是因为欧洲人的饮食除了谷物和奶制品之外，都是以鱼和肉为主要菜肴。而鱼和肉如果不加香料烹饪，腥味会影响食物的味道。而且在缺乏制冷贮藏手段的时代，香料还有助于延长鱼肉的保鲜时间。想想香肠和腊肉你就知道了。

◆ 迪亚士像

然而，如此需要香料的欧洲却因气候原因偏偏产不出，这迫使他们要从欧洲之外的地方以十分昂贵的价格进口香料。在东西方之间进行贸易的阿拉伯商人，将仅产于东南亚和南亚的香料倒卖至欧洲，长期获取着丰厚的利润！

然而，当时的欧洲人对于怎样才能以便宜的价格直接买到这些神奇的香料知之甚少。阿拉伯商人为了垄断这一经济利益，对于如何到达香料产地的途径和方法，始终守口如瓶。可是，天下就没有不透风的墙，随着欧洲与阿拉伯世界的贸易往来不断增多，欧洲人渐渐发现，阿拉伯商人是从更遥远的东方得到的这些香料的。欧洲人心想，如果能绕过阿拉伯人直接到达香料的原产地去购买，没有中间商赚差价，那便可以节省出大量的金钱了。

◆ 迪亚士到达好望角

为此，欧洲人不惜甘冒生命危险，踏上了寻找东方神秘香料的旅程。在欧洲人寻找香料的过程中，他们意外地发现了许多之前从未探知过的地方，进而将人类已知的世界连接成一个新的整体，后来我们称为“新航路开辟”。

为了寻得东方世界的香料产地，首先踏上征途的是拥有当时最先进航海技术的葡萄牙人。1487 年，热衷于航海事业的葡萄牙航海家迪亚士从首都里斯本向东航行，准备探索从欧洲到东方世界的新航路。

然而，迪亚士船队到达非洲最南端的海角时却不幸遇到了大风暴，就这样在南大西洋的海上连续漂泊了数十天。他们不仅时时刻刻地遭受着风吹浪打，物资补给也全都石沉大海。再加上当时的木帆船需要借助季风才能顺利地航行，而风暴结束后，他早已错过了航行的最佳时机。于是他们只得被迫返航，这次探险也以失败告终。迪亚士还给这个常年气候恶劣、巨浪滔天的海角起了个形象的名字，叫作“风暴角”。回国后葡萄牙国王将其重新命名为好望角。

受到葡萄牙人刺激的西班牙人也开始了探险活动，他们于1492年派出了航海家哥伦布。后来的故事我们就都知道了：哥伦布坚信地球是圆的，从西班牙出发一路向西行驶，最终到达了一块今天被我们称作美洲的新大陆，但是他却一直认为那里就是东方世界香料的原产地印度。虽然哥伦布在这块新大陆上并没有找到欧洲人梦寐以求的香料，但是他却发现了玉米、番薯、烟草等新作物，并带回了欧洲。

折腾了这么久，香料还是不见踪影。

就在当时整个欧洲都对寻求更多更廉价的香料这件事情一筹莫展之际，我们的“香料英雄”达·伽马登场了。

葡萄牙国王虽然听见西班牙人声称率先到达了印度，却始终不见他们带回来香料。鉴于西班牙人和他们之前走的不是一个方向，葡萄牙人便怀疑他们是走错路了。于是，就在西班牙人派出哥伦布进行第二次航行的同时，葡萄牙派出了达·伽马继续向东方航行，寻找传说中的香料产地。

达·伽马出生于一个航海世家，他的父亲曾受命于葡萄牙国王从事海外探险活动，为本国的西非探索计划立下过汗马功劳。不仅如此，他的哥哥和弟弟也都是有名的航海家，在葡萄牙国王御前备受荣宠。

1497年7月8日，达·伽马率领着4艘船、170多名水手从葡萄牙首都里斯本出发了。有了之前迪亚士远航的经验教训，这一次达·伽马不仅把充足的补给分装在各条船上，还倍道兼程，趁着南半球风缓浪低的夏季成功地通过了好望角。

◆ 达·伽马像

绕过了好望角的达·伽马船队继续沿着非洲的海岸线缓慢而小心地前行，因为此时他们的补给不足了，急需寻找一块陆上的补给地；另外，这里的近海是葡萄牙人从未到达过的领域，他们并不知道哪里会有足以使船只沉没的暗礁。

据说，直到圣诞节到来时，达·伽马才找到了一个适合船只停泊的海岸，他命令船队停靠下来度过圣诞节，并幸运地在那里获得了一些补给。后来，他们就把这个葡萄牙人从未到达过的停留地，以葡萄牙语中的圣诞节一词“纳塔尔”命名，这也是南非纳塔尔省名字的由来。

离开纳塔尔后，他们先选择了一个叫作蒙巴萨的港口停靠。蒙巴萨是个贸易港口，这个港口由一个部落控制，在这里生活的人们以在红海、印度洋和阿拉伯海开展海上贸易为生。

由于此时达·伽马船队航行在一片不熟悉的海域中，因此他们十分需要寻找一位向导来引领船队走出这片海域。当达·伽马向酋长说明来意后，酋长暗暗合计：如果这些船队中的人寻得向导，就可能会抢走自己部落的生意；但是见他们装备精良，又不敢贸然与他们爆发冲突。于是，酋长一脸严肃地对达·伽马说道：“我们这里真的没有向导，外来人，如果你们需要补给，可以和我的人民交换，但补给之后就请你们马上离开。因为如果你们久居此地，很可能会引起我们整个部落的恐慌。”

达·伽马虽然对这位酋长的冷淡态度十分不满，但自己的船队此时人困马乏，也不好动武，只得在交易完补给之后便悻悻地准备离开。

在回船的路上，达·伽马一行人经过一片静谧的沙滩时，一名当地人悄悄地跟了上来，他拦住了达·伽马，向四周环顾了一圈后神秘兮兮地说：“船长，如果你需要向导，不如来我们马林迪港，我叫马吉德，是马林迪酋长派驻蒙巴萨港的间谍，由我引荐后，我们的酋长一定会热烈欢迎你们，并给你们提供向导！”达·伽马欣然接受了他的提议，并率领船队和他一起来到了马林迪港。

果然，马林迪酋长对达·伽马礼遇有加，“我的朋友，伟大的船长，我相信你是上天派来解救我们的使者，我们受蒙巴萨酋长的欺压已经很久了。他们凭借强大的实力逼迫我们年年进贡、岁岁称臣，如若不从，他们就派人进攻我们的部落。我为了部落人民的安全已经忍气吞声太久了，我希望你能帮助我们打败蒙巴萨人”。

然而，此时的达·伽马志在寻找香料，暂时还不想在这些部落纷争上徒耗军力，但他又迫切需要向导，思索再三后他对马林迪酋长说道：“尊敬的酋长，您也看见了，我们只有 4 艘船，虽然我们装备精良，但这也不足以毁灭蒙巴萨。如果我们贸然行动，非但解救不了您的部落，还很有可能会给你们招致祸患。但我十分理解您的心情，也定会倾尽全力助您反抗蒙巴萨部落。这样，我作为葡萄牙国王的全权特使，可以代表国王陛下与您签订条约，只要您派遣向导助我完成使命并平安返航，我必致信国王陛下，请他发兵。届时，会有几十艘甚至上百艘的葡萄牙战舰为您助阵，到了那时，蒙巴萨部落必将弹指可灭，您看这样如何？”听了达·伽马这一席话，马林迪酋长爽快地与他签订了条约并答应了他的请求。

两年后，葡萄牙国王果然信守承诺，派出一支规模庞大的船队攻打蒙巴萨，尽管当时没能彻底占领蒙巴萨，但却给了它致命一击。在葡萄牙和马林迪的双重进攻下，迫于无奈的蒙巴萨向阿拉伯人俯首称臣以换取援

◆ 达 · 伽马拜见东方国度的统治者

军。此后，蒙巴萨永远地失去了独立地位，葡萄牙人与阿拉伯人开始在这片海域上角逐。当然了，葡萄牙人在两年后能如此“辉煌”，还多亏了当时马林迪酋长指派马吉德作为达 · 伽马继续航行的向导。

就这样，在向导的帮助下，达 · 伽马船队终于来到了梦想中的香料产地——印度的卡利库特。到达卡利库特后，他们开始想尽一切办法与当地人交易香料。他们满载而归回到欧洲大陆后，靠贩卖这些香料狂赚了 60 倍！随后，达 · 伽马本人也因此加官晋爵，受封多个殖民地的总督。当然，牟取这种暴利也是有代价的，在航海的途中很多船员包括达 · 伽马的弟弟，死于长期航行缺乏维生素带来的坏血病。

在当地收购香料的过程中，达·伽马和船员们观察到卡利库特卫兵的装备要远远优于他们在非洲航行时遇到的土著岛民，这些卫兵不仅手持铜铁铸造的管状火器，还整套装备着外镶护心镜、内嵌铁制甲片的铠甲和铁头盔。这既不同于当时欧洲诸国卫兵的装备，也不同于欧洲人的老对手穆斯林，但威力却与二者不相上下，由此也使得一些本来想做点无本买卖，抢劫一番的船员瞬间打消了此种念头，不敢贸然造次。

◆ 新航路开辟时使用的航海仪器星盘

后来，好奇的船员们便向当地种植胡椒的农民打听岛上驻军装备精良的原因。原来在近 80 多年前，有一位天朝提督曾率领着巨舰船队航行在这片海域，讨伐不臣的锡兰国。在天朝大获全胜后，颇有心机的卡利库特酋长就暗中贿赂了天朝军官，获得了一些天朝军队的装备并暗中仿制。再后来，那位天朝提督在卡利库特当地去世后，从此再也没有天朝的军队出现过，酋长也就放心大胆地把自己仿制的这些军备拿出来装备了卫队。

天朝提督？没错，这位天朝提督就是我们再熟悉不过的、曾七次远下西洋的郑和。巧合的是，郑和与达·伽马这两位伟大航海家的航行轨迹，竟然时隔百年在印度的卡利库特相连了！

从此，东西方世界完全连接在一起，欧洲人的梦想终于得以实现。他们的商船穿梭于各大洋，他们打破了阿拉伯商人在东西方贸易的垄断地位，使世界的商业中心转移到大西洋沿岸。美洲的发现也使得新旧大陆之间的联系更加密切，人类间的联系彼此加强。但是，欧洲人随后在美洲的殖民活动为罪恶的奴隶贸易打开了方便之门，给非洲人民带来深重灾难。

不管如何评价，总之，新航路的开辟把人类文明推入了全新的时代。

（韩毅）

德雷克船长的复仇之战：新老『日不落帝国』的轮替

统一之后的西班牙，走上了国家崛起的快车道。随着哥伦布发现美洲，美洲的大量黄金、白银，被一船一船运回西班牙，属于西班牙的时代开始了。

依靠通过海外贸易建设起来的强大海军，西班牙几乎垄断了欧亚两大洲和美洲之间所有的海上贸易，并且将太平洋变成了自己的内海。

眼见西班牙通过海上贸易发了大财，成为全球霸主。欧洲其他国家羡慕嫉妒恨啊，纷纷投身海军建设，想要从海外殖民探险中分一杯羹。

这些对西班牙分外眼红的国家中，就有英国。当时的英国还不是后来的“日不落帝国”，它偏居西北角落，常常游离于欧洲大陆之外。不过英国也有海外扩张的野心，别忘了人家也有维京海盗的基因。看着西班牙人在大西洋的贸易中赚得盆满钵满，英国人更是生气。

可是现实是残酷的，英国人当时的海上实力还不足以跟西班牙人抗衡。此时的英国女王是之前提到的亨利八世的女儿伊丽莎白一世，她也是英国历史上赫赫有名的明君。女王想出了一个曲线救国的办法。既然硬碰硬暂时打不起，那就剑走偏锋。

要说在海上打架，那当然是天天打打杀杀的海盗最厉害了，16 世纪，欧洲沿海地区海盗非常猖獗，当时欧洲国家都对海盗严厉惩罚，如果捉到就要判处绞刑。英国王室与高层却开始与海盗勾结在一起，我出钱、你出力，大力支持英国的海盗事业！女王向海盗颁发“私掠许可证”，允许海盗们奉旨抢劫。

海盗在英国成了正当职业。不过他们的许可证也不是白拿的，海盗们抢夺的财物要按一定比例上交给国王。

有了女王在背后撑腰，英国海盗们更是有恃无恐、肆无忌惮地抢夺西班牙的船只，让西班牙频频遭受损失。

面对日益猖獗的英国海盗，西班牙国王腓力二世简直是忍无可忍了，决定讨伐英国。1588 年，腓力二世集结了最好的战舰，组成了让所有国家眼馋心热的“无敌舰队”。舰队有 134 艘战船，载有 2600 多门炮，8000 多名船员和水手，2000 多名摇桨奴隶，负责把 2.1 万名步兵送往英国沿岸登陆，扬言不拿下英国誓不罢休。

◆ 德雷克肖像

英国当然也不会坐以待毙，但是他们的正规海军力量实在有限，女王只得向各地海盗头领求助，这其中就有一名叫德雷克的船长。德雷克是贫苦家庭出身，十几岁开始就风里来、浪里去地进行海盗事业。20年前，德雷克的船遭到暴风雨的袭击，只能躲到墨西哥湾。但是墨西哥湾是西班牙的领地，西班牙人严厉打击海盗，对德雷克的船一顿狂轰滥炸，最终德雷克死里逃生，但是他所有的船只都沉到了墨西哥湾海底。

◆ 伊丽莎白女王为德雷克授爵

这次交手让刚刚崭露头角的德雷克又变得一穷二白了，只能从头再来。德雷克那时就发誓，有朝一日一定找西班牙人报仇。

20年后，英国和西班牙剑拔弩张，正是德雷克大显身手的时候，他要国恨家仇一起报。英军派出100多艘战舰和900多门炮，作战士兵9000多人，所有士兵都身兼摇桨和作战两职，而且没有步兵。英军的主将是霍华德将军，德雷克担任中将及先锋队队长。

从双方的军事阵容上来看，虽然英国无论船舰数量、火炮数量还是作战人数都无法跟西班牙的“无敌舰队”匹敌，但西班牙也有缺陷。它的战船虽然高大坚固，配置精良，但缺乏灵活性。他们在甲板上安置了中短程大炮，船首和船尾都有炮塔，仿佛一座座浮在海面上的堡垒。但这些火炮都是近距离的加农炮，威力虽大，但射程过近，瞄准度也不够精确。从作战方法上，他们习惯于用老式的接舷战术，就是把舰队排成横列，靠近敌方后跃上对方的甲板，然后进行近距离的搏击战。

◆ 英国战船

这种战术非常落后，属于维京海盗时的海上战术。而英国战舰船体小、速度快、机动性强。船上安置的是远距离射击火炮，既可以避免跟西班牙舰队近距离交战，也可以阻止敌人靠近船只进行接舷战。所以英国采取的战略是避免跟西班牙进行近距离的肉搏，从远距离通过火炮击溃西班牙的战船。另外，英军虽然人数少，但很多是海盗出身的亡命之徒，他们常年生活在海上，身经百战而且机敏狡诈，擅长奇袭和突击。

7 月，两只舰队在加莱海峡相遇了，他们在这里进行了一场 18 天的海战，史称“加莱海战”。首次相遇时，“无敌舰队”的总指挥看见英军有很多杂七杂八的船只，大部分还是画着骷髅的海盗船，于是放松了警惕。

入夜后，月光照在海面上，英国舰队开始向西班牙舰队移动。

但是西班牙总指挥认为英国舰队如此明显的动作，肯定是诱敌之举，所以他下令按兵不动，静待英军的下一举动。

当晨曦来临时，海风驱散了淡淡的晨雾，西班牙人才发现整个英军舰队占据了上风口，正虎视眈眈地陈列在他们正对面，并开始准备攻击了。西班牙舰队急忙排列队形，正手忙脚乱的时候，英军已经打响了海上第一炮。

英军用火炮进行远距离的射击，很多西班牙舰队还没有准备好就被英军击中了。“无敌舰队”也向英军开炮射击，但是距离太远，西班牙的火炮根本无法命中英军的舰队，而且英国船只活动自如，他们灵活地躲避西班牙的炮击。西班牙人无可奈何。

经过一番鏖战，西班牙舰队很快被德雷克打散了阵形，他们几乎没有机会靠近英军的战船。西班牙知道不能再硬撑了，于是下令“无敌舰队”火速撤退，保留实力再进行反攻。

英军在首次交锋中大挫西班牙海军的锐气，德雷克认为必须乘胜追击，趁着西班牙舰队元气大伤的时候把他们一举歼灭。同中国古代赤壁之战的故事一样，他提出“火烧连营”的方法：在几只小船里塞满易燃的草料，然后驶入西军的舰队内，使用火攻，似乎上天也在帮助德雷克，当天夜里突然刮起了利于英军朝向的风。英军选出 8 艘轻便的小船，点燃火料。

小船顺着风向急速驶进西班牙舰队内，一通乱窜，烧毁了很多战舰。

有的舰船混乱中逃出港湾，却被守在外围的德雷克海盗船伏击。直到凌晨，“无敌舰队”也没有成功重组阵形，眼见就要全军覆灭了。

直到太阳升起来之后，风向转变了，西班牙舰队才得到喘息的机会，他们重整队伍，集中兵力作困兽之斗，企图突破英军的防线。最后在开

◆ 加莱海峡

战 18 天后，少数西班牙战船逃出英军的围困。曾让西班牙人引以为豪的“无敌舰队”，却在一场看起来必赢的战争中输得彻底。

经此一战，海盗德雷克成为英国的民族英雄，这是海盗在历史上取得的最高荣誉。他死后以海盗特有的形式安葬在海里，他心爱的“复仇号”也被沉入海底作为陪葬。

“日不落帝国”西班牙是最早进行新航路开辟并且获得大量财富的国家之一，为何却如此不堪一击？根本原因在于它的钱来得太快、太容易，它没有将这些财富投入到新的技术进步当中，更多的是用在贵族奢靡的生活上，把钱都挥霍掉了。所有的暴发户都是如此。

从前面对战斗过程的描述，相信你就能看出，西班牙的海军战术竟然如此传统落后。所以这场海战也成为旧武器、旧战术的退役之战，从此轻便灵活的战船取代了老式楼船，远程火炮攻击战取代了接舷战。

英国对“无敌舰队”的完胜，重创了西班牙海上强国的元气。西班牙虽然没有马上显现颓势，英国也并没有能力立即占有西班牙的主要海上地

◆ 德雷克雕像

盘，但是却将西班牙这个海上强国拉下了马，自己确立自己的权威。英国的舰船此后可以自信地出入任何他们想去的地方。西班牙这个帝国开始步入了百年的衰败之路。而西班牙舰队的失败，好似耳语，把帝国的秘密送进了英国人的耳中，那就是，在一个商业的时代，赢得海洋要比赢得陆地更为有利。也许在 1588 年，人们对这一点还并无太明确的认识，可是在下一个世纪，这个耳语声音变得越来越大，终于成为响彻每一个英国人耳边的呼声。一个执掌世界命运 300 年历史的新“日不落帝国”开始升起。

（韩毅）

商业立国发展模式的开创者：『海上马车夫』荷兰

本章我们聊一聊荷兰。不用说世界史，就说中国历史你也能频繁看见它的名字——郑成功就是从荷兰人手里收复的台湾岛，今天，印度尼西亚等地都遍布荷兰人殖民的痕迹。日本接触西方世界也是通过荷兰，所以明治维新以前，日本把关于西方的学问知识叫作“兰学”。

你要去欧洲旅行如果去过荷兰就会觉得奇怪，这国家真不大，就是巴掌大点的地方，历史上怎么这么显赫？本章为你详细说明。

荷兰人曾被全世界称为“海上马车夫”。大家都知道，马车是一种以马为动力在陆地上行驶的交通运输工具，马车夫当然是指驾驭马车的人了。

可是，“海上马车夫”是什么意思？难道荷兰人真的把马车赶到大海上面行驶了吗？

故事还得从 16 世纪的欧洲说起。

在 16 世纪以前，世界各国和地区之间的交往主要是在陆地上进行，

◆ 荷兰鹿特丹风光

马车包括沙漠里的骆驼是陆地上最主要的运输工具。从 15 世纪末、16 世纪初开始，随着欧洲殖民者大规模的海上探险活动，欧洲通往中国和印度等东方国家的海上新航路被陆续开辟出来，世界进入了“大航海时代”。

从此，一望无际的海洋成为世界文明交往和冲突的舞台，远洋轮船也取代了马车，成为运输最有利的工具。后来，人们往往把那个时代控制世界海洋运输业最强的国家，形象地称为“海上马车夫”。我们这个故事的主角——荷兰，就是在 17 世纪获得这个称号的。

在 1581 年以前，荷兰还不是一个国家，只是西班牙属地尼德兰的一个省。因为背靠大海，水路发达，当时的尼德兰是个非常富饶的地区，资本主义经济发展较早，工场手工业非常发达，布鲁日、安特卫普等城市很早就成为重要的贸易、商业和国际信贷中心。尼德兰地区人民创造出了巨额的财富，西班牙帝国的一半税收来自尼德兰。因此，国王查理一世把它看作是自己“王冠上的一颗珍珠”。

◆ 荷兰人反抗西班牙统治

人发达了底气就足了，富裕起来的尼德兰人越来越看不上总对它颐指气使、指手画脚的老东家，西班牙不仅干涉尼德兰的经济，后来还堂而皇之地干涉人家的信仰，导致人民忍无可忍，终于抡起家伙打起了漫长的独立战争。

1581 年 7 月 26 日，来自尼德兰各起义城市的代表在海牙郑重宣布：废除西班牙国王对尼德兰各省的统治权，正式宣布独立，成立共和国，它的正式名叫作尼德兰联省共和国。

政治上的独立，对尼德兰下面的荷兰省的经济发展来说，可谓是天赐良机。

荷兰占着绝佳的地理位置。它有着朝向英国和大西洋的优良港口。同时背靠广大的欧洲内地，靠近欧洲两条古老的商船航线。

他们自己不生产商品，只做货物的搬运工。荷兰本身的国土面积很小，只比中国海南省的面积大一点儿。由于土地面积狭小，荷兰人缺乏足够的资源来自己制造东西。这种先天自然条件的限制，促使荷兰人更专注于贩运别人生产的货物，形成了乐于贸易、善于经商的传统。所以他们有发达的造船工业，拥有众多商船和庞大的商队。

当新航路开辟，东西方贸易的海上航道和世界商业中心从地中海转到了大西洋时，荷兰人迅速成为这个海洋时代的主角。

而这两点我觉得还不是最关键的因素。最重要的是荷兰人做生意豁得出去，真的是拼了命在挣钱。

当时，为了有效地防止海盗袭击，典型的商船都是用粗壮、笨重的木材建造的，并在船的尾部建造了专门的炮座平台，在遭遇海盗抢劫时可架置火炮，以保商船的安全。而荷兰人率先大胆地建造出了一种仅装载货物而不装置火炮的三桅商船。这种船的船身宽、船底平，不仅具有最大的货舱空间，而且极其节省建船材料，大大地降低了造船成本。当时，荷兰建造的这种三桅商船的价格仅是英国船只的一半。

使用三桅商船的代价是每一次海上航行因为没有武装而充满了风险，仿佛是一场命运的赌博。但是，由于造船成本低廉，载货量大，使货物的运费非常有竞争力。

即使这样，荷兰人还不满足，为了能获得尽可能多的利润，他们又对船只进行了特殊的设计，船身很大很圆，而甲板却很小。这样的做法是因为在一些国家，商船所缴纳的税款多少，取决于甲板的宽度。因此甲板越窄，付的钱就越少，利润也就越多。所以，荷兰人造的船甲板很小，船肚子很大。

对，就是这么拼，为此荷兰人赢得了享誉世界的“海上马车夫”的称号。

16 世纪至 17 世纪时，荷兰的造船业已经居于世界领先地位。仅在首都阿姆斯特丹就有上百家造船厂，全国可以同时开工建造几百艘船。荷兰

◆ 1599 年阿姆斯特丹海港的繁荣景象

的造船技术是当时世界上最先进的，造船厂高度机械化，几乎一天能生产一条船，船的造价也比英国低 1/3 到 1/2。

欧洲许多国家都到荷兰订购船只，17 世纪末英国 1/4 的船只是荷兰建造的。

本国强大的造船产业使得荷兰船东可以降价与竞争者抢生意。因而，他们充当了西班牙、法国、英国和波罗的海之间的运输业者，几乎垄断了海上贸易。挪威的木材、丹麦的鱼类、波兰的粮食、俄国的毛皮、东南亚的香料、印度的棉纺织品、中国的丝绸和瓷器等，大都由荷兰商船转运，经荷兰商人转手销售。当时的阿姆斯特丹是国际贸易的中心，港内经常有2000 多艘商船停泊。

因为庞大的海上运输网，荷兰自然而然成了继西班牙之后海上第一军事强国，拥有世界上最强大的海军舰队。当时，荷兰的海军舰只几乎超过了英、法两国海军总和的一倍。

荷兰的军舰在世界各大洋游弋，除了保护本国商船，还从事海外殖民掠夺，与其他欧洲国家一起加入了瓜分世界的浪潮之中。

1602 年，荷兰成立东印度公司，负责荷兰和亚洲各个国家的贸易，足迹遍布大半个地球。在美洲，荷兰还成立西印度公司，把持西北非洲与美洲之间的贸易，并在北美侵占了一块殖民地，欲建立一个以新阿姆斯特丹为中心的新荷兰。新阿姆斯特丹就是今天的纽约。

在非洲，荷兰在东西方交通的咽喉、今日南非的好望角，修筑要塞，营建殖民地，在那里开辟种植园，保证过往船只的淡水和粮食的供应。那里的白人统治者被称为布尔人，其主体就是荷兰人。

如果说荷兰在海上争霸胜出靠的是特殊结构的船只和规模巨大的船队这种硬实力，那么那些建造并驾驶船只和善于经商的荷兰人才是最具竞争力的软实力。

1596 年到 1598 年，一个名叫巴伦支的荷兰船长带领他的船员试图寻找从北方穿越北冰洋到达亚洲的航线。在他们经过一个叫三文雅的俄罗斯岛屿时，被冰封的海面困住了。准确地说，是被冻住了。

三文雅地处北极圈之内，气候极其寒冷，巴伦支船长和 17 名荷兰水手在这里度过了 8 个月的漫长冬季。为了生存，他们拆掉了船上的甲板做燃料，以便在零下 40 摄氏度的严寒中保持体温。

◆ 荷兰国立博物馆帆船模型

同时，他们不得不依靠打猎来取得维持生存的食物。在这种极为恶劣的环境中，有 8 个船员不幸去世。但是，以巴伦支船长为首的荷兰船员却做出了一件令人难以想象的事情：他们丝毫未动别人委托他们运输的货物，而这些货物中就有可以挽救他们生命的衣物和药品。

冬去春来，冰封的海面重新开化，幸存的船员继续他们的航程，终于把货物几乎完好无损地送到了目的地，交到了委托人手中。

他们用生命作代价，严守信托，在全世界面前树立了荷兰人诚信经商的良好声誉，创造了荷兰历史上一段可以传之后世的动人佳话。今天北冰洋这一片海域就被命名为巴伦支海。

在现今的荷兰首都阿姆斯特丹有一个海运博物馆。每个星期天，这里都要举行一个特殊的活动，让孩子们通过切身体验来了解荷兰人航海的历史。这样的活动年复一年地重复着，哪怕只有一个孩子参加也从不间断。辅导员由不同职业的志愿者担任，他们一丝不苟地带领孩子们重温 400 多年前荷兰水手的生活，也缅怀荷兰人艰苦创业、赢得享誉世界的“海上马车夫”称号的辉煌历史。

但是，辉煌的历史是短暂的。欧洲就像一个天平，荷兰的崛起必然会侵害其他大国的利益，比如英国。英国女王心想我好不容易把西班牙人干趴下，难道就为了便宜你这个小子？所以从 1652 年开始到 1784 年，爆发了四次英荷战争，而正是这几次战争，彻底拖垮了荷兰，当然这都是后话了。

（韩毅）

塑造今日欧洲格局的『三十年战争』

1618 年 5 月 23 日，全副武装的布拉格群众怒气冲冲地冲进王宫。

“他们要干什么？”

当然是搜寻那个不像话的国王斐迪南。但是人们翻遍了整个皇宫也没有找到国王，愤怒的群众只能找了国王的两个官员当替死鬼，这两个倒霉蛋被扔到了窗外。

尽管这俩家伙是从 20 多米高的地方掉下去的，但当时的城市卫生并不好，这两个人很幸运地掉到了垃圾堆上，保住了性命。

故事今天听起来有点像个笑话，在当时可是震惊欧洲的大事。这愤怒的一掷引发了欧洲历史上第一次国际战争。当时欧洲大大小小的国家几乎都卷入其中，一打就是 30 年，史称“三十年战争”。

虽说是由两个倒霉蛋引发的血案，但祸根早已深种了，故事还得从前面聊过的宗教改革说起。

16—17 世纪的欧洲处于宗教改革的时代。改革发端于神圣罗马帝国。

◆“掷出窗外”事件

神圣罗马帝国虽然通常被认为是德意志的前身，但它的范围远大于德意志这个概念所涵盖的疆域，更是大于今天的德国范围，它统辖着很多小的邦国，包括捷克、奥地利、普鲁士等。所谓的德意志支离破碎，邦国林立，最小的邦国和村镇没什么区别，以至于德意志诗人席勒曾经感叹：

“德意志？它在哪里？我找不到那块地方。”

世俗权力的支离破碎使得教权大行其道。当时教会占有德意志 1/3 的土地，罗马教廷都得靠着德意志教会的收入活着，因此德意志被称为教皇的奶牛。这里出了个马丁·路德，看不惯天主教的那帮人打着上帝的旗号坏事做尽，开始了宗教改革，从此新教火种燃烧在德意志的土地上。

德意志诸侯邦国逐渐分为两大阵营，分别是天主教联盟和新教联盟，而前面发生“掷出窗外”事件的捷克就属于后者。捷克人信仰新教，当时的神圣罗马帝国皇帝因为皇权日益式微无暇顾及，并没提什么反对意见。可是到了 1617 年，皇帝突然派了自己的堂弟斐迪南担任捷克的国王。而这位新国王是一个狂热的天主教徒。

“捷克这群人，都给我改回天主教来。这是新教教堂，拆；新教教徒，给我关起来，一律不许新教形式的祷告！”

这些行为让捷克人与这位国王的矛盾迅速激化，于是就有了开篇的一幕，群众搜寻国王，并且把他的官员扔到窗外。

新教诞生于德意志，自从它诞生那天起，德意志的各个邦国就因为信仰不同而选边站。本身两派就在明争暗斗，互相抢夺地盘，矛盾越来越激烈，“掷出窗外”事件无疑是点燃大战导火索的那根烟。

与之前的内部小打小闹不一样，这次他们请来了外援打起了群架。

我们来看看各自的参赛阵容，属于新教同盟的国家有法国、瑞士、丹麦、英国、俄国；属于天主教同盟的有西班牙、波兰，德意志总代表德皇和天主教宗教皇。从阵容来看，欧洲大部分国家都来了，双方势力不相上下。只是这些势力为什么要来插手德意志的内部事务呢，难道真的是哥们儿义气？难道真的是因为对宗教教义的见解分歧？当然不是，还是那句话，没有永远的朋友，只有永远的利益。不管是神圣罗马帝国皇帝还是各邦国诸侯，以及参战的其他国家，无一不是为了自己世俗地盘的扩大而参加战争，下面我们就来分别看一下它们加入的根本原因。

先看看天主教联盟这边。神圣罗马帝国皇帝从一开始就心心念念地恢复天主教一统下的神圣罗马帝国的辉煌，想着借此机会让德意志的各邦国回到他的统治之下，他是这里面最有“作案”动机的；西班牙和德意志本身就是一家，统治者就是赫赫有名的哈布斯堡家族，它们又都是天主教国家，自然站在一起；罗马教宗更是盼望着回到中世纪的那种教会高高在上、天主教治下的欧洲状态；波兰比较特殊，也比较悲催，跟瑞典一起占领过俄国部分领土，又被瑞典打得不知所措，选择站在反对瑞典的天主教同盟这边也算是为了报仇吧。

再来看看新教联盟这边。法国自己本身是个天主教国家，可它站队站到了新教同盟一边，那就完全是从世俗利益考虑了。它的目的就是打击哈布斯堡王朝，使德意志保持分裂状态，借机实现自己包揽欧洲的野心。因为当时的哈布斯堡王朝不仅拥有庞大的德意志，还拥有西班牙，正好包围着法国。

瑞典和丹麦作为北欧强国，一直觊觎德意志在北海和波罗的海的领土和港湾，打算借此机会南侵，以扩大其地盘。英国此时跟海上强国西班牙冲突不断，想要借此机会再打击一下西班牙。当然它也不希望看到一个统一强大的德意志，更何况当时的英王还是新教盟主帕拉丁选帝侯的老丈人。至于俄国呢，是为了夺回曾经被波兰占领的领土，充分发挥了敌人的敌人就是朋友的优良传统。

总之，就这样各自心怀鬼胎的一群人开始了持续30年的打架斗殴，历史上第一次全欧洲大战爆发了。不过要注意的一点是“三十年战争”参战各国不是一下子都涌入的，而是陆续加入的。

下面介绍一下“三十年战争”的主要过程及其结果。

既然要打仗，肯定要先选一个首领出来。捷克贵族选举英国国王的女婿腓特烈五世作为自己的国王，显而易见的是他们想靠境外势力英国的援助。不过万万没想到，这个腓特烈五世在战场上很㞞，仅一个冬天的工夫，就输了个干干净净，捷克彻底失去了自治权，新教遭到禁止，腓特烈五世逃到了荷兰。

打败捷克这个“新教叛徒”之后，神圣罗马帝国可不想见好就收，它要借题发挥，彻底压制新教的诸侯们。而此时，新教国家的热血也已被战争之火点燃，有的出于宗教目的，有的出于国家利益，跃跃欲试地要跟神圣罗马帝国一决高下。这不，捷克退出战争舞台后，新教国家丹麦又跑了出来，它以保护新教的名义向神圣罗马帝国发起进攻。

丹麦这个敌人可没有捷克那么好对付了，神圣罗马帝国被丹麦军队打得惨败，只能向其境内的天主教联盟求救。但是天主教诸侯既怕新教又想借新教国家之手削弱皇权，只想坐山观虎斗。

这时候引发战争的斐迪南当上了神圣罗马帝国皇帝，就在他搬兵无源、欲哭无泪的时候，一个叫华伦斯坦的军人出现了。华伦斯坦本是没落贵族出身，念书的时候曾因打架斗殴被劝退学，后来娶了一个有钱的寡妇，因为善于经营管理，他的财富如滚雪球般越来越多，是个不折不扣的大富翁。

他给斐迪南皇帝写信，说自愿出战，并且还不用皇帝出钱。这真是天上掉馅饼啊。斐迪南大喜过望，任命华伦斯坦为皇家军队总指挥。

华伦斯坦也的确不负众望，轻轻松松地就连胜几场。他的胜利秘诀是允许士兵们胜利之后抢夺民众财物，他的军队所过之处，如蝗虫过境一般，寸草不生，人惊鬼哭。依靠这种办法，他变相地向军官和士兵支付了较高的报酬，有效地笼络了军心。

他所向无敌，手下的士兵迅速达到了 10 多万，依靠华伦斯坦的大兵，斐迪南皇帝又轻轻松松地赢了丹麦。

不过人怕出名猪怕壮，由于华伦斯坦的赫赫战功引起了众多诸侯的不满，他们在斐迪南面前弹劾他，而斐迪南自己也怕华伦斯坦功高震主，在赢了丹麦之后就让他回家了。

此时的斐迪南已被胜利冲昏了头脑，他忘记了丹麦之战是因为有华伦

◆ 古斯塔夫

斯坦才能取胜的。斐迪南将华伦斯坦卸职后，他居然想要继续拓展帝国版图，将胜利进行下去。这就跟隔海相望的瑞典产生了矛盾。

历史上的瑞典可跟今天慈眉善目、与世无争、佛系十足的样子不同，彼时的瑞典国王古斯塔夫二世号称“北方雄狮”，一心想建立环波罗的海的大霸权，早就想南下攻打神圣罗马帝国了。现在欧洲大陆开战，对瑞典来说可是千载难逢的机会。瑞典当时国力雄厚，再加上古斯塔夫拥有卓越的指挥才能，战争初始，瑞典就把神圣罗马帝国打得落花流水。

就在斐迪南皇帝快要撑不住的时候，他想起了华伦斯坦。赋闲在家的华伦斯坦也一直密切关注战局的走向，他详细地研究过古斯塔夫的战略和战术，找出了治敌之道。1632 年，古斯塔夫和华伦斯坦在吕岑战

◆ 吕岑战役

役中相遇了。

这次战役虽然瑞典人最终取得了胜利，但是伟大的国王古斯塔夫却战死沙场。在这之后，没有了领袖的军队如群龙无首，很快败下阵来，瑞典军队也被华伦斯坦击败了。

眼看着神圣罗马帝国要取得这场“宗教之争”最终的胜利了，它的邻居法国再也无法淡定观战了。此时法国的首相便是历史上大名鼎鼎的红衣主教黎塞留。黎塞留一直致力于让法国成为欧洲大陆的霸主，而哈布斯堡家族无疑是法国称霸欧洲的最大绊脚石。一旦神圣罗马帝国获胜，那法国还往哪摆，必须让这个神圣罗马帝国知道谁才是老大。法国当时的实力本就很强，再加上吕岑战役结束后，华伦斯坦被刺杀，神圣罗马帝国的军队没有了英明的将领，又经过长期的战争，实属强弩之末，很快在跟生力军法国军队的对抗中败下阵来。结果，最后出手的法国取得了这场“三十年战争”最终的胜利。

◆ 红衣主教黎塞留的画像

这场因宗教冲突而起的欧洲大战终于落下了帷幕。1648 年，交战各方平静地坐到了一起，心态平和地边喝咖啡边谈如何处理战后欧洲的问题。瑞典和法国在战争中出力最多，最后当然得到的也最多。瑞典控制了德意志境内主要河流的入海口，成功地将势力范围扩展到波罗的海南岸。法国也实现了一直以来以天然疆界莱茵河作为法德领土界限的夙愿，它称霸欧洲大陆的伟业又向前迈进了一步。

而可怜的神圣罗马帝国，由于惨败，不仅被外国欺压，而且内部信仰新教的诸侯和天主教诸侯进一步分裂，帝国的版图被撕得像碎片一样，想要统一更是遥遥无期了。正如基辛格曾说的一样，“三十年战争”的失败让德意志的统一被推迟了 200 年。

最终，这些战后处理原则被写进一个叫作《威斯特伐利亚和约》的文件里，以法律的形式固定了下来。正是这份协议重新划分了欧洲版图：德意志的阿尔萨斯地区被法国吞并；瑞典由于吞并了德意志北部沿海地区，使得波罗的海成了他家内湖。

◆《威斯特伐利亚和约》的签署仪式

德意志内部的新教邦国勃兰登堡在战争中扩大了地盘并强大起来，后来成长为我们熟知的普鲁士；德意志的心脏是奥地利，这里一直是德皇自己的领地，协议规定奥地利是德皇不可侵犯的领地，从此奥地利开始游离于德意志之外。那所谓的“德意志其他地方”呢，名义上依然属于德皇，但所有权力都由各邦国自己所有，德皇被彻底架空。这次由法国主导的协议的核心思想，就好像在对德皇说：“我保你荣华富贵，你就好好在完全属于你的小领地上过安分日子，至于其他地方就让他们独立吧。”

奥地利后来成为独立国家；尼德兰地区除了荷兰还独立出了比利时和卢森堡；其余的德意志各邦国在后来普鲁士的领导下统一成了德国，还收回了瑞典占领的北部沿海地区。至此与今天大致相当的欧洲版图出现了。

而且划定欧洲版图的这份《威斯特伐利亚和约》也约定了一些重要的

国际原则，比如，国家间的争端要先进行协商，或者举行国际会议共同磋商。国家之间互派常驻外交使节。缔约国对于违约的国家实行集体制裁等原则。在这种原则约束下的现代国际外交体系，被称作威斯特伐利亚体系。

这就是“三十年战争”为什么如此重要的原因。

（胡晔）

文明的故事

不流血的革命

THE STORY of CIVILIZATION

英国《大宪章》：西方现代国家政治体制的渊源之一

我们前面有提到，在中世纪的欧洲，名义上有两大权力中心：一是管辖世俗生活的王权；二是管辖精神生活的罗马教廷。但两者并不是平等的，在大多数时间教会权力一直压制着王权。并且欧洲政治制度和古代中国的中央集权制度完全不一样，他们的封君封臣制只是松散的利益联盟，上下之间更多的是经济从属关系。所以，软弱的王权还要不断接受来自封建领主的挑衅。

13 世纪的英格兰，在国王和封建领主之间就酝酿着这样一场尖锐的斗争。

英国这个国家很奇怪，世界上的大部分国家都有一部成文宪法，它却没有。充当英国宪法的，是历史上不同的时期逐渐形成的一系列文件和法案。这其中最重要的，就要属《大宪章》，或者叫《自由大宪章》了。

1215年6月15日，49岁的英格兰国王约翰在泰晤士河畔靠近温莎的一片草地上，在各地贵族、主教和市民代表的见证下，签署了一份停战协议。

◆ 大英图书馆展出 4 份已有 800 年历史的《大宪章》抄本

这份协议是为了结束不久前发生的国内起义，安抚起义各方才商定签署的。约翰签字后，协议被复制成 13 份，分发到英格兰各地保存。

事后又过了两年（1217 年），这份停战协议才正式得到《大宪章》这个名字。

几百年中，人们在很多历史关头把它拿出来，提醒历朝历代的英格兰国王，要他们宣誓遵守《大宪章》上保护臣民权利的条款。每一位新上任的国王，都要在《大宪章》上签字。

到 17 世纪英格兰内战爆发前夕，当 4 个世纪前签署的《大宪章》已经距离现实越来越远的时候，人们更赋予《大宪章》各种崇高地位，歌颂它保卫了英格兰人民的自由。不仅如此，1776 年的美国《独立宣言》、1948 年的《世界人权宣言》和 1953 年的《欧洲人权公约》，都援引了《大宪章》的内容，使得《大宪章》成为西方历史上最著名的文件之一。

那么这一切是怎么发生的呢？我们的故事，要从事情发生之前开始说起。而且这个故事，会与之前的故事联系起来。

话说 1066 年，维京海盗的后代、诺曼底公爵“征服者”威廉，打下了英格兰。他自命为国王，把一种在欧洲大陆盛行的政治制度——封建制度引入了英格兰。

封建，简言之，就是把英格兰的土地，分封给协助自己打天下的贵族。这些土地叫作封土，威廉一世自己，就是封君，从他那里接受封土的贵族，就是封臣。

如果你看过美剧《权力的游戏》，就会更容易理解这种制度。某种意义上，封建制度很像是某种契约。封君对于封臣，有提供保护的义务；而封臣对于封君，也有提供军队、缴纳贡赋的义务。

虽然它和中国春秋战国时期的分封制度，都被某些历史学家称为封建制度，但二者有本质区别。在欧洲的封建制度下，国王不是高高在上、君权神授的真龙天子，而只是契约中的老板，手里握有资源，与员工同属于一个社会集团，没有绝对的阶级差异。

这不是英格兰独有的现象，在欧洲所有建立了封建制度的地区，都能看到这种现象。在中世纪的西班牙，阿拉贡王国（今巴塞罗那附近地区）的贵族，在向国王宣誓时，有这么一句誓词：

“和你一样优秀的我们，向并不比我们优秀的你发誓，我们接受你成为我们的国王。至高的上帝规定，你要遵守我们所有的法律，如果你不遵守，我们就不接受你作为我们的国王。”

这句誓词，如果放到明清时期的宫廷里，恐怕是要掉脑袋，并诛灭九族的。

正因如此，英格兰国王做不到“君要臣死，臣不得不死”。相反，如果他不按照契约办事，拿手下人不当人看，那么贵族们也可以无视契约，拒绝向他效忠。

公元 1199 年，约翰登上英格兰王位，他就是这样一个不按照契约办事的老板。

而且，这个老板本身的人设，就很有问题，属于电视剧里典型的反面角色，这为臣民们造反提供了理由。

首先，他是通过篡位戴上的王冠的。

1199 年，英格兰著名的国王、戎马一生的“狮心”理查中箭身亡。按照理查的遗愿，英格兰王位的第一顺位继承人是理查的弟弟杰弗里的儿子、年仅 12 岁的布列塔尼公爵亚瑟。

这个杰弗里在比武大会上意外从马上摔落，被战马踩爆了头，亚瑟是他的遗腹子。长大后的亚瑟，相貌英俊，志向远大，很受布列塔尼人民的欢迎。

人们呼吁为他起名亚瑟，以纪念神话故事里那位注定将会返回人间的亚瑟王。

“狮心”理查死的时候也留下遗愿由亚瑟继承英格兰王位。可他一死，亚瑟的奶奶太后埃莉诺就偏心支持最小的儿子、理查的另外一个弟弟约翰篡位。埃莉诺的传奇故事我前面讲过，你可以再回味一下，以便理解欧洲王室之间错综复杂的亲戚关系和恩怨情仇。

这时候为了给英格兰制造麻烦，法国国王腓力二世给了亚瑟一小支部队，怂恿他打回英格兰。如果你还记得埃莉诺的第一任丈夫法国国王路易七世的话，这位腓力二世，就是路易被埃莉诺抛弃后，与第三任妻子生下的唯一继承人。腓力二世很有才华，但是他的一半才华都用在了对英格兰使坏上面，不知道这里面有多少是国家利益，有多少是给他爹出气。

15 岁的亚瑟血气方刚，一经腓力二世鼓动，便立刻带着这支不堪一击的部队杀回了英格兰。

后来的一切，我们在埃莉诺那一章中已经谈到过，亚瑟包围了奶奶埃莉诺所在的城堡，却被前来救援的叔叔约翰擒获。

从此，人间再也没有了亚瑟这个孩子。人们相信，约翰把自己的侄子、英格兰真正的国王亚瑟秘密杀害了。

根据一些民间故事所讲，约翰用一条小船，把亚瑟载到河上，用剑杀死了他，然后把尸体绑上石头，沉到了河底。

无论这个故事是不是真的，约翰作为一名篡位者的卑鄙形象，已经在英格兰的大街小巷传开了。

在当上国王后，约翰并不打算挽回自己的形象。

他违背了身为封君要保护封臣的封建契约。已经有王后的约翰，把许多已婚的贵族妇女变成自己的情妇，甚至用武力强迫对方就范。

在第一次婚姻期间，他就已经有了 5 个私生子。接着，他又疯狂地爱上了一个名叫伊莎贝拉的女孩，执意与她结婚，两个人举办婚礼时，伊莎贝拉肯定不到 15 岁，甚至有可能只有 9 岁。

许多史家把他描写成一个精神失常、私生活糜烂不堪的昏君。

在中世纪那样一个虔信宗教的时代，约翰很可能是一个无神论者。这也就罢了，他还犯下了许多不必要的作死之举。同时代的史家记载，他不仅拒绝领取圣餐，还对基督教大放厥词，拿基督教的教义大开玩笑。历代英格兰国王均热衷于资助教会，但他却不舍得向基督教会打开钱包。

其实，约翰远不止是在对待教会时才如此吝啬，钱对他来说，是世界上最美好的东西。他设立了一系列苛捐杂税，搜刮贵族和城市的财富。

他迫害犹太人，用酷刑折磨布里斯托尔的犹太商人，每天拔掉他们的一颗牙齿，直到他们同意交出约翰指定的巨额税负。

这么“作”的一个人，会有什么结局呢？开头提到的《大宪章》仅仅只是这份“作”的代价之一，当然他要付出的代价远远不止这些。

王位来路不正的约翰完美诠释了什么叫作窝里横。在国内，他霸道横征，搜刮财富，不得人心。但在对外政策上，却又软弱可欺，军事节节败退。

以前我们聊到过，自诺曼征服以后，英格兰国王就同时以诺曼底公爵等身份，领有大片今天法国境内的土地，这让法国国王腓力二世坐卧不宁。腓力二世瞅准了约翰外强中干的机会，夺走了约翰在法国境内的几乎所有土地。因此，历史上约翰也被称为“无地王”，可以说是英国历史上最失败也最不得人心的国王之一了。

在战争期间，约翰像个只懂得吃吃喝喝的笨蛋，不用打仗的时候，他一味地贪图享乐，等到法国人打到眼前了，就落荒而逃。

国内怨声载道，国外大敌当前，这已经算是四面楚歌了吧？可是约翰竟然还嫌不够，他把教皇也给惹了。

自从之前的教皇格里高利七世开除神圣罗马皇帝亨利四世的教籍，迫使后者冒着大雪登门谢罪以来，罗马教廷就迎来了一个实力节节上升的黄金时期。约翰的运气很不好，与他同时在位的罗马教皇，正是比格里高利七世更强势的英诺森三世。

1209 年，因为约翰拒绝承认英诺森三世亲自任命的坎特伯雷大主教人选，英诺森三世宣布，革除约翰的教籍，也就是剥夺他的基督徒身份。在那个时代这意味着，所有约翰的基督教臣民再也不必继续效忠于约翰。

在一些民间传说里，约翰一怒之下，竟然派人去拉拢西班牙的穆斯林摩尔人，希望他们出手相救，一起对抗罗马教皇，为此自己不惜改信伊斯兰教。讽刺的是，穆斯林在得知约翰的为人后，轻蔑地表示了拒绝。

约翰已经突破了人们忍耐的极限。1214 年，约翰要求英格兰贵族支

◆ 国王约翰在《大宪章》上签字

持他，重新对法国开战，贵族则趁机提出多项条件，要他改过自新。约翰当然不接受，于是贵族们组建了一支军队，在教会、民众的支持下，一路打去伦敦。

全英格兰有那么多骑士，这时候竟只剩下 7 个人还支持约翰。不得已之下，约翰同意与起义代表会面。1215 年 6 月 15 日，在代表们的见证下，为了恢复和平，也为了保住自己的王位，约翰签署了《大宪章》。

本质上《大宪章》完全是为了解决当时迫在眉睫的政治问题而商议出来的。它首先是一份停战协议，但是为了达成停战，约翰必须满足代表们的利益诉求。而在代表们的诉求中，列在首位的便是减免税负，所以从这个角度来说，《大宪章》又是一份税务文件。

《大宪章》的内容不是空洞地鼓吹自由，而是落实到了具体的条款上。《大宪章》有63则条款，但大致包括两类。第一类约定，国王不得任意侵占臣民的财产，比如征收臣民的谷物粮食、车马、房屋等，国王也不得任意提高税率，必须恢复过去那种温和的征税办法，而且国王加税，必须同贵族会议商议，并且听取民众的意见；第二类约定，国王不可以侵犯臣民的人身安全，如任何自由民不经审判，不得被任意搜查、拘捕、监禁、放逐等。

◆《大宪章》封面

这两类约定，大约占到了《大宪章》所有内容的90%，它们就是针对约翰犯下的种种具体暴行，详细制定出来的。

《大宪章》的处境在当年远没有在今天这么风光。我们有理由猜测，约翰之所以签署《大宪章》，只是把这件事当成了一种缓兵之计。因为缓过劲儿来的约翰第二年就公开宣布《大宪章》无效，贵族只好重新向约翰开战，战局一度很不明朗。

不过幸运的是，约翰在开战当年突然死掉了。

贵族们抓住机会，强迫约翰9岁的儿子，新一任英格兰国王亨利三世，重新签署了《大宪章》。

从起点来说，《大宪章》并不那么崇高和伟大。它是英格兰贵族、教会、市民，在谈判桌上吵吵嚷嚷、一条条商议出来的产物，它很琐碎，

◆《大宪章》羊皮纸模型

很不好读，甚至很精明、很市侩。《大宪章》之所以能够签署，也得益于约翰本人的倒行逆施，这让他树敌无数，给了各方反对专制王权的正当理由。

但从内容来说，《大宪章》又是具有历史进步意义的。它告诉我们，自由并不是空洞的口号，它必须落实到具体的条款上，只有说清楚国家如何征税、法庭如何审判，才能切实保障人民的利益。不仅如此，《大宪章》开创了一种先例，贵族们可以与国王谈判，用法律手段把国王的权力关进笼子里，这与现代社会主张的法治精神、对话精神遥相呼应。正因如此，近代以来的民主革命家，才会把《大宪章》重新搬出来，从中寻找建设现代民主制度的灵感。

《大宪章》也限制了英格兰国王的权力，迫使国王以温和、善意的姿态出现在臣民面前，反而有助于国王改善自己的暴君形象。某种意义上这是君主立宪制度最初的萌芽。沿着这条路一直发展到今天，英国王室虽然早就没有了实权，却仍然被视为国家的荣誉象征。英国老百姓逢年过节就喜欢看王室成员出来挥挥手。王子结婚也为英国的娱乐业提供了持续不断的八卦素材。要知道，今天英国温莎王朝的统治者身上，依旧流淌着1000年前“征服者”威廉的血脉！

所以，权力的丧失反而让英国王室避免了其他国家频频发生的暴力革命，以及改朝换代之后新王朝对旧王朝的斩草除根，从而保证了权力交接的平稳和王室成员的安全。这么看来，对于约翰这个坑货，历朝历代的英格兰国王还应该深表感谢呢。当然英国王室对约翰是恨多一些还是感激多一些呢？从这之后英国君主中再也没有出过约翰二世来看，可能还是恨多一些吧。

从文明演进的角度来看，《大宪章》开创了独特的英国式的现代民主之路——保守主义。什么叫保守主义呢？用通俗的话来解释，就是念旧、怀旧，并尽量保留过去的生活中人们认为是好的、有价值的东西。具体到政治制度上来讲，就是尤其讲究一个“稳”字，能改良的尽量改良，不轻言革命。即使革命，也尽量不流血。约翰虽然倒行逆施，但也没有被砍头。后世的英国虽然也诞生过像克伦威尔这样的革命者，但总体上还是走在这样一种比较“念旧”的道路上。随着时代的更迭，“王权”不可避免地走向了消亡，但是“国王”仍然是英国社会中所不可或缺的一部分。

（杨盛翔）

英国模范议会：西方代议制政治的演进标志

有一部超级经典的电影《勇敢的心》许多人都看过吧。如果看过，想必会为苏格兰人的英雄威廉·华莱士拍手叫好，对入侵苏格兰的英格兰国王爱德华一世嗤之以鼻吧。

不过，那毕竟是一部电影，历史中的威廉并没有那么好，爱德华一世也没有那么坏。甚至恰恰相反，爱德华一世通常被公认为是英格兰历史上一位很有作为的国王。

◆ 英王爱德华一世

爱德华的外形很有偶像气质，相貌英俊，身材比例也挺好，有一双大长腿，人送雅号“长腿”爱德华。

这位长腿欧巴的成长史相当给力。

他的爷爷，就是英国历史上名声最糟糕的国王之一、签署了《大宪章》

的约翰王，我们前面已经讲过他的故事。他的爸爸是亨利三世，形象和成就不像约翰那么差，但也算不上什么正面榜样。

◆ 亨利三世

亨利三世的性情很古怪，他优柔寡断，反复无常，与贵族的关系很不好。他受自己法国王后的影响，重用来自法国的宠臣，喜欢玩海淘和代购，宫中堆满了法国的奇珍异宝。

在治国理政方面，亨利与约翰还是很相似的。对内，他横征暴敛；对外，又接连被法国和罗马教廷欺负。同样因为财政危机，为了弄到钱，他被迫向贵族让步，同意签署一份限制王权的文件，即《牛津条例》。

《牛津条例》与《大宪章》的内在精神一脉相承，而且在具体内容上走得更远。根据《牛津条例》，国王被强迫与各界人士商议国事，每年必须举行三次“大会议”。“大会议”的组成人员当中，由国王指定的人数比贵族指定的人数少得多。这场变革中，国王明显处于弱势，贵族占据了上风。

可是，亨利真的会老老实实遵守吗？与约翰如出一辙，不久后，亨利就趁着贵族内部发生派系斗争，把《牛津条例》扔到了一边，他老毛病不改，继续过着武断又无能的生活。

于是，1264 年，英国莱斯特这个地方的贵族、伯爵西门·孟福尔干脆造了反，他率领英格兰贵族，击败亨利三世的军队，活捉了国王。

亨利三世被迫让出权力，还把自己的亲儿子交了出去作为人质。这个被老爹坑得挺惨的儿子，就是爱德华一世。

◆ 英王爱德华一世少年时的形象封印戳

与无能还偏爱惹事的爷爷、爸爸相比，爱德华简直不像是这家人的孩子。在做人质期间，爱德华瞅准了机会，一溜烟儿跑了。接下来，爱德华迅速纠集反对孟福尔的势力，趁对方还未反应过来，一举击败了孟福尔的军队，孟福尔也死于乱军之中。

虽然如此，我们还是有必要隆重介绍孟福尔这个人。在活捉了亨利三世之后，曾经有 15 个月的时间，孟福尔以摄政的名义成为英格兰实际上的统治者。1265 年，他召开了英国历史上的第一次议会。

除了贵族有资格参会外，每个郡可以选送两位骑士，每个大城市也可以选送两名市民，作为地方利益的代表参加议会。

这次会议是英国有史以来第一次城市平民与贵族阶层、宗教人士、骑士等群体共同坐在一起开会。从世界历史来看，也是市民阶层首次参与国家级别的政治会议。

孟福尔就是这样一个注定要在历史上留下不朽印记的人。

我们再回到爱德华的故事里。在亲手为父亲亨利三世夺回权力之后，王子爱德华“事了拂衣去”，做了一件很酷的事情。

他去东方参加了十字军。他参与的这次东征，也就是全部九次十字军东征中的最后一次。

1272年，他老爹亨利三世驾崩。亨利死时68岁，却已在位56年，作为一名在位如此之久的国王，亨利在历史上的存在感却很低。与毫无作为的父亲相比，王子爱德华这时已经给人留下了深刻的印象，因此贵族们一合计，拥立爱德华为新任国王。可是这个时候，他还远在今天的巴勒斯坦呢。

爱德华在东方打了许多场战役，屠杀了很多穆斯林教徒，然而还是没能彻底击败对手。直到踏上返乡之路，乘船途经意大利的时候，爱德华才得知了父亲去世和自己被拥立为王的消息。听说国内一切太平，爱德华反而也不着急回去了，他先去拜会了罗马教皇，又在法国参加了一场比武。

等到35岁的他再次回到英格兰的土地上时，已经是1274年了。此时距离他父亲亨利三世去世，已经过去了两年之久。

正常情况下故事到这里就该结束了，但这仅仅是爱德华传奇人生的序章。爱德华是一个充满能量的人，他刚一掌权，就动起了征服威尔士的念头。

从1277年到1284年，他发动了一轮又一轮进攻，逐渐打败了威尔士的反抗力量，把最后一位威尔士的统治者卢埃林的脑袋挂在了伦敦塔上。

征服威尔士之后，他把威尔士亲王的爵位封给刚刚出生的儿子，也就是日后的英格兰国王爱德华二世。从此以后，英国王位继承人先要受封为威尔士亲王的做法，便作为惯例，一路延续到了今天。

刚刚打下威尔士，英格兰又与法国发生了纠纷。但战争是非常耗费金钱的，常年开战花光了家底，爱德华不得不向国内各阶层筹款。他走上了与爷爷、父亲相似的不归路。

他不顾罗马教皇的反对，向英格兰教士征税。当教士们拒绝缴税时，

◆ 英国贵族城堡

爱德华威胁他们，那样的话，他将不再保护教士们，并且纵容所有人去抢劫教会。

羊毛是中世纪英格兰对外出口的拳头产品，爱德华却强制收缴了商人们的羊毛，事后开出一张空头支票，说今后的某一天会给予赔偿——但谁会相信呢？

爱德华还未和议会协商，私自设立了出口羊毛税，因为不得人心，商人们把它称为“魔鬼之税”。要来钱以后，爱德华又找贵族要兵。当一位贵族提出抗议时，他放出一句狠话：“你要么出兵，要么等着被绞死吧！”

这分明是要作死的节奏。当年约翰和亨利三世遭遇贵族兵谏，凭实力被赶下台的往事，眼看就要重演了。

已经有消息传来，贵族又一次聚集起来，宣称任何未经议会批准就设立的税种，都是非法的，哪怕它是出自国王的命令。

看来，爷爷和父亲的故事，又要在后辈身上重演。可是，爱德华让历史大跌眼镜，这才是他人生的精彩之处。

武力值满格的爱德华，并不是一个没脑子的暴君。有关爷爷和父亲的反面教材，他已经读了太多遍，没必要把自己的名字也写上去。

自从 1215 年签署《大宪章》以来，近百年间英格兰这个国家已经变了，人们开始习惯了议会的存在，习惯了有事大家坐下来商量、好好说话的办事方式，那种不顾臣民感受的暴君，哪怕再有成就，也很难继续维系自己的粉丝群了。

想通了这一点，他 180 度大转弯，立刻表态，将会恪守《大宪章》的精神，并且承认在英格兰除了代表所有人民的议会，没有任何人有权力私自征税。

1295 年，爱德华一世召集了一届著名的议会，号召大家不要见外，有什么难处都坐下来跟朕说道说道。

这届议会在制度上基本效仿了 1265 年的孟福尔议会，但是规模却更胜一筹，会议程序也更加完善。出席这一届议会的，除了全体贵族和教士以外，每个郡有两名骑士代表，每个大城市有两名市民代表，总计有 400 多名议员共商国是。

正如前面强调的那样，骑士和市民阶层有了参加议会的权利。更为重要的是，贵族和教会阶层的人士凭借出身直接获得参加议会的资格，而骑士和市民阶层的代表则是通过选举产生的。这使得这一次议会开始具有了现代议会所具有的代议性质。用通俗的话说，以前的议会，只是贵族阶层和国王能够坐在一起分享政治权力的形式，而从这次议会以后，议会真正扩大了拥有政治权力的人群，现代意义上的“民主”也就呼之欲出了。

这一届议会取代了孟福尔议会，成为往后英格兰历届议会模仿的榜样，因此也被后世尊称为“模范议会”。

“模范”的含义是大家学习、效仿的对象。对“模范议会”而言，它能够得到这种称呼，也确实是因为它逐渐确立了供后世效仿的许多模式。

比如贵族和平民在同一个议会开会，但是由于立场不同，双方谈不拢就只能各谈各的。久而久之，骑士和市民阶层总是聚到一起开会，逐渐形成了一个“平民院”，也就是下议院。而贵族和教会代表则组成了上议院。我们所熟知的现代英国议会的两院制，也就从中孕育而生了。

不得不说爱德华一世是一位能屈能伸的政治家。在目睹了约翰和亨利三世因独断专行、抗拒议会而惨遭失败的教训后，识时务的爱德华，悟出了一个道理：要避免父祖两代人的遭遇，必须学会和议会共存，要给予臣民知情权和商议权，通过议会协商来争取臣民对国家决策的支持。

正是得益于议会的支持，爱德华一世才恢复了力量，可以对苏格兰持续不断地发动战争，这也才有了电影《勇敢的心》里的精彩故事。当然，关于战争本身是否正义，又是另一个值得探讨的问题了。

爱德华一世身后的 200 余年间，议会的召开成为惯例，议会的权力也不断加强。渐渐地议会不再对国王的意见唯唯诺诺，在税收、内政、外交等方面，议会的声音越来越大。到了 17 世纪英国爆发革命建立起君主立宪制以后，国家权力的重心完全转移到议会中来，国王只作为名义上的国家首脑继续存在。

我想，英王约翰当时签署《大宪章》的时候肯定没想到这份文件会一直延续 800 多年，并且在他的孙子英王爱德华一世手里得到了法律化。爱德华一世在召开“模范议会”的时候，肯定也没想到议会之后会完全代替国王实行国家权力，成为英国真正的权力中心。

（杨盛翔）

不流血的革命才『光荣』：英国光荣革命

央视曾经拍摄了一部历史纪录片，名叫《大国崛起》，讲的是 15 世纪以来轮番走上历史舞台前沿的九个大国的兴衰历程。

但实际这九个大国，要么是昙花一现，如葡萄牙、西班牙、荷兰；要么只影响过有限的地理区域，如法国、德国、俄国、日本。只有两个国家，在足够长的时间里，在全球范围内，建立并且维持了霸权。这两个国家，一个是今天的美国，另一个就是以前的英国。

我们今天的内容，就是探寻英国崛起的秘密。

前面我们讲到英国击败西班牙无敌舰队，接着又和荷兰抢夺海上霸主地位。对外英国锋芒毕露，疯狂争抢；对内也没闲着，率先发起了人类历史上著名的两场革命：一是政治革命，也称英国革命；二是工业革命，也称产业革命。

工业革命的内容我们暂且不表，我们来谈一谈这英国革命。

在这之前，你需要记住两组关键词：第一组是专制和民主；第二组是国教与清教。

我们之前讲过了英格兰国王亨利八世为了离婚而发起了英格兰的宗教改革，从天主教中分离出来建立了英国国教。英国国教一般认为属于新教阵营。

可是，亨利八世之所以发动宗教改革，仅仅是出于私人的考虑。他的心思从没有放在教义的改革上。英国国教几乎就是换了一身衣服的天主教，改革前后的最大变化就是换了一个宗教首领，从以前的教皇变成了英国国王。所以，许多更激进的英格兰人怎么看国教都不顺眼，总觉得国教里保留了太多天主教的成分，算不得真正的新教。为此，他们管自己叫“清教徒”，坚决与普通的国教徒划清界限。这里的“清”，一方面指清白、纯粹，意思是他们自己才是纯粹的新教徒；另一方面也指清除、打扫，他们要扫清国教当中的天主教残余。

那时候大部分英格兰人，要么拥护国教，要么拥护清教，围绕宗教问题，社会出现了大分裂。可以说，国教和清教这一对矛盾，在 17 世纪贯穿了英国革命的整个过程。

亨利的女儿伊丽莎白一世女王死前，从北方的苏格兰找了一个远亲，来继承英格兰王位，这个新国王叫詹姆斯一世。

詹姆斯一世来自苏格兰，这是一个危险的信号。因为苏格兰没有经历过英格兰那样的宗教改革，那里的人们依然信奉天主教，詹姆斯一世本人就是一个狂热的天主教徒。由于国教本质上接近天主教，英格兰的国教徒顺理成章地倒向了詹姆斯一世。相反，英格兰的清教徒，却生活得越来越不开心。更要命的是，詹姆斯一世还是一个专制的独裁者。他要求议会听自己的话，还像我国古代的皇帝一样，标榜君权神授——国王的权力是由上帝赐予的，国王永远都是正确的。

到这时候，国教徒与清教徒之间的矛盾就不只是宗教矛盾那么简单了，这里面还掺杂了是拥护詹姆斯一世的专制，还是要求民主改革的矛盾。詹姆斯一世当政时期，有一批清教徒感到日子没法过了，于是在 1620 年，坐上了一艘名叫“五月花号”的船，漂过大西洋，去往了北美洲。

这 30 多个清教徒，成了美国历史上最有名的英格兰移民。他们也为清教徒后来源源不断地移民美国，开辟了道路。今天的美国，本质上仍然是一个信奉新教并有很多英国文化色彩的国家，其根源就在于“五月花号”这艘小破船。

留在英格兰的清教徒，就没有那么好的运气了。他们好不容易盼到了詹姆斯一世驾崩，以为下一个会好一些——也许苦难中的人们都习惯这么想。可是他们最终失望了，詹姆斯这一家子，脾气性格都是一个模子刻出来的，全都是天生的独裁者。

继承王位的查理一世，比他老爸詹姆斯一世的脾气还倔，发号施令说一不二。1640 年，查理一世召开议会，想要让大家乖乖拿钱出来，给他做军费，却遭遇了议会的反抗。这一次，清教徒们再也忍不下去了。于是，他们自己也组织起来，建立了军队。这支军队由议会领导，你可以叫它“议会军”。军队的统帅，就是大名鼎鼎的克伦威尔。查理一世当然不肯退让，他也马上召集了军队，你可以叫它“国王军”。

1642 年 8 月，查理一世向议会宣战，英国革命就此爆发。过去，我们的历史教材大多认为，议会军代表新兴的、进步的资产阶级，国王军代表传统的、保守的封建贵族，由此推断，英国革命是一场资产阶级革命。

然而，20 世纪的学术界，已经推翻了这种看法。现代学者的研究发现，无论是国王军，还是议会军，双方都由相似的阶级成员构成：两边都既有贵族，也有商人、乡绅和农民，唯一的不同其实在于，国王军多为国教徒，议会军则多为清教徒。所以，某种程度上，这既是专制对抗民主的战争，也是国教对抗清教的战争。

◆ 克伦威尔画像

仗打到最后，克伦威尔领导的议会军取得了胜利，连国王查理一世，也做了克伦威尔的阶下囚。清教徒赢了，仗也打完了，可是，国家该往哪里走呢？一开始，大家的心态很低调，想与国王谈判，只要他放弃专制，尊重议会和民主，就让他重登王位。没想到固执的查理一世，愣是不给大家机会。他表面上答应了要求，暗地里却偷偷寄出一封密信，试图联络老部下卷土重来，还打算从内部分化瓦解议会军。结果密信被议会拦截。

1649 年 1 月 27 日，议会组织的特别法庭以暴君、叛徒、杀人犯、国家公敌等罪名，判处国王死刑。3 天后，查理一世被当众斩首，成了英国历史上唯一被公开处死的国王，也是欧洲历史上第一个被公开处死的君主。英格兰一时间从王国变成了共和国，议会军的领袖克伦威尔威望极高，议会的议员们纷纷投票克伦威尔当选英国的护国公。

“都共和了，英国革命是不是也结束了。”

◆ 克伦威尔因患疟疾在伦敦病逝

不，英国革命如果就这样结束，今天的英国王室从哪儿来的？

历史的巨大转折绝对不是一蹴而就，也不是按部就班、毫无波澜。

人总有生老病死，随着护国公克伦威尔的去世，刚刚安定下来的英格兰再次陷入了混乱。克伦威尔的儿子本来继续掌握着权力，但是他没有老爸的才干，性格又懦弱，很快就被赶下了台。这时候民间舆论开始躁动起来，王朝复辟的声音甚嚣尘上。

英国革命毕竟发生得太早，17 世纪的英格兰人就像 1912 年刚刚剪了辫子的中国人一样，还不习惯共和。在舆论的质疑声中，议会动摇了。1660 年 5 月，在议会的邀请下，查理一世的儿子——查理二世登上了英格兰国王的宝座，斯图亚特王朝进行复辟。

事实证明，议会做出了错误的决定。查理二世完美地继承了这一家子的坏德行。没过几天，他就放下了伪装，开始复仇清算，甚至不惜动用酷刑。查理二世专门让人挖出已经下葬多年的克伦威尔的尸体，砍掉克伦威尔的头，把他的尸体挂起来示众。不仅如此，查理二世还违背了对清教徒许下的诺言，重新在英格兰扶植天主教，他本人也在临终之前不顾外界反对，改信了天主教。

查理二世死后其弟詹姆斯继位，史称詹姆斯二世。詹姆斯二世也是一位天主教徒，他还娶了一个信奉天主教的意大利公爵之女，甚至英格兰人疯传这个女子是罗马教廷的间谍。

詹姆斯二世刚一登基，就公开重用天主教徒，打破了之前关于禁止天主教徒担任公职的规定，还想组建一支由天主教徒统领的军队。议会和詹姆斯二世不断较量，最后矛盾聚焦到了王位继承问题上。当时詹姆斯二世只有一个和前妻所生的女儿，就是玛丽公主，偏巧玛丽公主嫁到了清教的另一个大本营荷兰，对于天主教毫无好感。詹姆斯二世的后妻虽说生了一个儿子、四个女儿，却都不幸夭折了。因此，在清教徒看来，只要玛丽公主继承王位，一切就好说了，那就先忍着吧。

但是到了 1688 年情况突变，詹姆斯的第二位妻子怀孕产下一子。而这就意味着詹姆斯的长女、信仰新教的玛丽，从此将与宝座无缘。清教徒把肠子都悔青了。自从 1660 年把查理二世扶上王位以后，他们已经忍了太久，好不容易盼走了查理二世，却迎来了詹姆斯二世，随之又眼看着还有第三位天主教国王。忍无可忍的清教徒开始寻求用和平演变的方式把詹姆斯二世罢黜。

在这种背景下，七位当时英格兰政治上极有影响的人物（后来被称为“不朽的七人”），开始与詹姆斯二世的女婿、当时在荷兰执政的奥兰治亲王威廉联系，请他登上英国国王的宝座。威廉为他的入侵做了巨大的准备，在 1688 年 11 月 5 日，率领 15000 名士兵，400 艘运输船，53 艘军舰，

◆ 斯图亚特王朝的复辟

浩浩荡荡登陆英格兰。

从玛丽公主的立场出发，父亲詹姆斯二世有了小儿子，便意味着不会再把王位传给自己。因此接受祖国人民的邀请，把王位从襁褓中的弟弟手中抢回来，符合她本人的利益。而对于威廉来说，干涉英国事务有其更深层次的考虑，他在下一盘更大的棋。当时的荷兰有着“海上马车夫”的美誉，是海上第一强国。威廉一生主要精力都在同当时欧洲权势最大的人物——“太阳王”法王路易十四做斗争。他觉得要想与法王路易十四对抗，他需要英国的强大海军，直接武力对抗法王路易十四，并且他认为一个自由的议会更有可能支持这一点。

反观詹姆斯二世，起初他也并非毫无准备，据说他拒绝了法王路易十四为他提供军队的建议，因为他自己曾很自信有足够的力量抵抗威廉。然而没想到的是，威廉到来的消息并没有引起英国人的反抗，反而是一片欢呼赞美之声。而另一方面詹姆斯面临的却是众叛亲离，军官纷纷叛变，甚至包括自己的次女安妮公主，又加上他出征前流鼻血被认为是凶兆。一切迹象仿佛都在预示着他大势已去，所以只好匆忙逃离伦敦，流亡法国。

后来，这场革命被历史学家称为“光荣革命”。之所以叫这个名字是因为詹姆斯二世眼看大势已去，便放弃了抵抗。玛丽、威廉夫妇的军队，一路兵不血刃地攻入了伦敦，整场革命期间基本上没有发生大的流血事件。自1640年英国革命爆发以来，已经有太多人流血丧命，血腥味笼罩着英格兰，已经把革命变成了一场折磨。让革命以不流血的方式画上句号，是英格兰人民乐意看到的局面，可谓无比荣耀、无比光荣。

◆ 威廉三世（左二）与他的妻妹安妮女王（左三）

1689年2月，玛丽和威廉接受了议会在政治、宗教等方面提出的各项要求。随后，夫妇俩一同登基，共同执掌王位，成为英格兰的新任国王——玛丽二世和威廉三世。从这时候开始，英国国王不再拥有实权，他们退居幕后，统而不治，把国家的权力交给了议会，逐渐建立起君主立宪制。

从1640年到1689年，在经历了近半个世纪的动乱之后，英国革命以这样有趣的方式落幕了，英国人打倒了专制王权，却又保留了王位，建立起了精巧、平衡的君主立宪制度。一方面这场政变，经常被作为新兴资产阶级与传统王权之间的抗争与妥协，作为渐进式民主，不流血的和平演变的样板；而另一方面，又常被冠之以不彻底的“革命”。它最大限度地保证了各方的利益，英国以这种温和的姿态，跨入了全新的时代。

然而“光荣革命”在英国的成功不是偶然的，是有历史基础的。回溯历史，可以追溯到英国《大宪章》的签订，这是确立“王在法下”制度精神的里程碑事件。长期来看，正是这种制度精神促使英国在与欧洲列国的竞争中占据优势。

从经济角度看，自从新航路开辟后，全球的贸易中心转移到大西洋沿岸的欧洲地区，市场经济日益繁荣，城市发展日益壮大，资产阶级愈发壮大，在政治上的需求也日益增强，他们大多都是新教徒，自然而然在光荣革命中充当了主力。

“光荣革命”的胜利或者说英国革命的胜利，大大促进了英国工业的发展，这为之后英国的工业革命提供了便捷条件。在此后的 300 多年里，英国再没有发生内战。和平与团结，为英国换来了持久、高速的发展局面，让这个位于欧洲西北边陲的小岛，在接下来的两个多世纪里，一步步崛起为人类历史上前所未见的全球帝国。

（杨盛翔）

独一无二的维多利亚时代：最好的时代，最坏的时代

1842 年，第一次鸦片战争结束。清朝在与英国的交锋中败下阵来，被迫签署了割地赔款的《南京条约》。

当时在位的道光皇帝，并非是一位昏君，在前线指挥的林则徐，也是我国近代第一批“开眼看世界”的开明官僚。战争期间，清朝君臣都曾努力了解英国的国情，想要做到兵法上说的“知己知彼，百战不殆”。

在抓到英军战俘后，道光发现许多“英国军人”长相竟有些熟悉，像印度人……一打听才知道，这些士兵果然来自印度的克什米尔地区。于是，一头雾水的道光皇帝下旨问道：

“这克食（什）米尔，距离英吉利还有多远啊？我就纳了闷儿了，你们那儿到英吉利，通水路吗？你们跟英国人，敢情早就对上眼儿了啊？我想起来就来气，你说你们大老远，来咱们浙江省是干吗去呀？”（原文是：“克食米尔距该国若干路程？是否有水路可通？该国向与英吉利有无往来？此次何以相从至浙？”）

这至少说明，道光是知道克什米尔的，他对中国周边的地缘政治并不陌生，对于敌方势力的构成分析，也符合正常的逻辑。遗憾的是，当时清朝的军事情报机构并不知道，印度已处于英国东印度公司的掌控之下。由于英国本土的陆军规模很小，参加鸦片战争的英国军人，大部分其实是我们的近邻印度人。

如果说清朝对于印度并不感到陌生，那么对于统帅这支“印度军队”的英国人，无论是道光皇帝，还是林则徐，就几乎一点都不了解了。

战前，林则徐在写给当时英国维多利亚时代女王的《谕英国国王书》里，以一种教训孩子的口吻写道：

“考虑到过去，你们英国国王一直对大清态度恭顺……我们天朝虽然在世间万国中做大哥，一个小指头就可以扳倒你，但是也不忍心还没有教育你，就揍你一顿。看到这封信之后，赶紧检讨原因，给咱一个交代，晚了，可就吃不了兜着走！”（原文：“贵国王累世相传，皆称恭顺…… 我天朝君临万国，尽有不测神威，然不忍不教而诛。”“接到此文之后，即将杜绝缘由，速行移覆，切勿诿延。”）

在写给道光皇帝的奏折中，林则徐又信誓旦旦地保证：

“英国人也就在海上逞逞能，一上岸，面对面过过招儿，使不了枪炮，就没啥本事了。他们腿脚都缠得严严实实，摔个屁股蹾儿，一准儿就再也爬不起来……就连市井百姓，依我看，都可以揍他一顿。”

道光信了林则徐的话。结果拥有 4 亿人口、90 万常备军、1300 多万平方千米国土的大清王朝，被那个叫维多利亚的小女子领导的国家，不费吹灰之力就打败了。

签订《南京条约》之前，道光皇帝已经意识到大臣们之前对英国的报道，基本是瞎掰。他重新写了一份折子，交给身在前线的将领。折子上，他仔细地问了这样几个问题：

“合着贵国的女王，芳龄才 22 岁呐，她有何德何能，做一国之君啊？她一大姑娘家，有丈夫老爷们儿了没有啊？她爷们儿家姓甚名谁，这会儿在英吉利官居何职啊？”

清朝皇帝中不乏高寿者，常常导致皇子得熬到很大岁数才能登基。道光皇帝本人于 38 岁才即位，自然很难接受维多利亚 18 岁便继承了王位。但更让道光难以理解的是，英国为什么会让女性登基执政。

中国历史上，暗中操纵权柄的皇后、太后、太皇太后有不少，但真正取代男性登上皇位的女性，只有一个武则天。道光皇帝驾崩后，他的儿媳妇慈禧太后曾经执掌清朝的权柄长达半个世纪，人们经常拿她与武则天相提并论，但慈禧太后仍然只是太后，她从来不曾试图给自己披上皇袍。

道光不知道，英国历史上出过好几位女王，其中也不乏明君。比如率领不列颠各部落反抗罗马大军入侵的布狄卡，领导英军击败西班牙无敌舰队、带领英国崛起的伊丽莎白一世，领导了光荣革命的玛丽二世，也有在位期间实现英格兰、苏格兰合并的安妮女王。

维多利亚女王，正是这些杰出的女性统治者的后继者。

不过这里面还有一点，是道光皇帝不知道的。在维多利亚女王的时代，英国已经建立君主立宪制，维多利亚女王表面上是名义上的“一国之主”，实际上只是大英帝国的甩手掌柜，实权掌握在议会和首相的手里。如果道光皇帝知道这一点的话，没准儿会好受一些。

道光皇帝还很关心维多利亚女王的婚事，尤其问到了她丈夫的情况。这大概是因为，按照古代中国人的观念，女人的丈夫，才是“当家的”。

其实，就在鸦片战争打响的 1840 年，20 岁的维多利亚刚刚结婚。当时的维多利亚是一个充满朝气的小个子姑娘，喜欢骑马、跳舞、唱歌、欢笑。她的丈夫是自己的表弟阿尔伯特。

◆ 英国维多利亚时代的宫廷宴会

与喜欢通宵跳舞、浑身散发魅力的表姐有些不同，阿尔伯特长得瘦瘦高高，行动有些迟缓。但他的智力极其发达，17 岁那年就开始研究文学和哲学了。人们回忆，年轻的他在访问意大利期间，曾与知识渊博的罗马教皇，就一批希腊艺术品的鉴定，发生过有趣的辩论。阿尔伯特有理有据地证明，这些希腊艺术品模仿了古埃及艺术品的风格，让罗马教皇心悦诚服地连连点头。

在鸦片战争进行期间，没有实权的维多利亚，并没有把主要的心思放在战争上，婚后生活带给她的烦恼要更多。

女王夫妇的生活习惯有很大差别。阿尔伯特自小接受严格的贵族教育，养成了与斯巴达人一样的作息习惯。每天晚上 10 点半，他一定会看着正在兴头上的女王，无奈地在沙发上睡着。而女王仿佛有使不完的劲儿，喜欢通宵跳舞，到黎明时分，还要爬到圣保罗大教堂和威斯敏斯特大教堂的塔楼上，去观看日出。

到了白天，阿尔伯特想召集科学家和艺术家，就各个学科的热点问题发表意见。不幸的是，维多利亚对这一套完全提不起兴趣，既插不上话，又哈欠连连。

关于这一对年轻夫妇的婚后生活，曾经留下了一个著名的故事。有一天，对维多利亚感到不满的阿尔伯特，将自己锁进了房间，维多利亚也恰好在气头上，便想敲门进去。

“谁呀？”阿尔伯特问道。

“英国女王。”门外的维多利亚高傲地回答。

没想到，阿尔伯特根本不买账，在里面没做出任何反应。

两人就这么僵持了好一会儿，最后，维多利亚气消了，再次轻声敲门。

“谁呀？”阿尔伯特又问道。

女王停顿了一下，回答道：

“阿尔伯特，我是你的妻子。”

于是，门开了。

像这样的场景，是不可能出现在道光皇帝的宫廷里的。

道光一生有过 23 个嫔妃，生活极其节俭、自律的道光，对妃子们的管理也以严格著称。他有一套精确、苛刻的评价标准，时常根据嫔妃们的表现，比如生了多少孩子，婚龄有多长，大幅度调整她们的品级。这就有点像现代的公司老板，按照 KPI（关键绩效指标），给员工升降级一样。

比如一度很受道光宠爱的彤贵妃，在 15 岁到 28 岁的 13 年间，竟然先由贵人升为嫔，再由嫔降回贵人，继而再由贵人连升为妃和贵妃，又再由贵妃降回贵人。这期间，彤贵妃任劳任怨，给道光生了三个娃。真是辛辛苦苦十三年，一朝回到解放前。

◆ 1851 年维多利亚女王与丈夫出席万国工业博览会开幕式

假如维多利亚也这么埋汰她的老公阿尔伯特，一定会受到英国议会和人民的谴责，甚至会沦为欧洲王室之间的笑谈。

事实上，维多利亚聪慧、善良、理智，虽然年轻时有些浮夸、贪玩，但也不过是年轻人无伤大雅的通病。从 1837 年到 1901 年，她在位 64 年，比我国在位时间最长的康熙皇帝还要多统治 3 年。在漫长的半个多世纪里，维多利亚完美地诠释了在君主立宪制度下，国王可以为国家做些什么。结果就是，英国人民爱戴女王，英国议会与女王求同存异，在团结、和谐的气氛下，大英帝国走向了世界之巅。

维多利亚统治的 64 年，甚至得到了一个专有的历史名称——维多利亚时代。这是英国近代历史上最辉煌的时代。

英国本土只有 20 多万平方千米，只约略相当于现在中国广西的面积大小。第一次鸦片战争结束后的1851年，英国本土也只有1960万人（英格兰和威尔士共1680万人，苏格兰280万人），远不及清帝国4亿人口的庞大规模。

但是别忘了，英国还拥有无比广阔的殖民地。

16世纪，英国击败了西班牙；17—18世纪，英国在四次英荷战争中，击败了“海上马车夫”荷兰；18世纪到19世纪初，英国在七年战争和拿破仑战争中，两度击败法国。从此以后，英国成为当之无愧的世界第一强国，主导国际事务长达一个多世纪，海军实力尤其独步天下。

鸦片战争爆发时，今天加拿大、澳大利亚、新西兰、印度等国家和地区，要么变成英国的直属殖民地，要么处于英国的控制之下。此时，大英帝国的国土面积已经超过了幅员辽阔的清帝国。而在维多利亚时代的极盛时期，大英帝国的领土甚至达到了3600万平方千米，覆盖了接近地球1/4的陆地，总人口数也达到数亿之多。

在人类历史上，维多利亚时代的英国是曾经出现过的面积最大的国家。紧随其后的是13世纪的蒙古帝国（元朝和四大汗国的总和）、19世纪末的俄罗斯帝国、18世纪的西班牙王国，以及19世纪初的清帝国。

在这有史以来最大的5个国家中，19世纪的大英帝国和16世纪的西班牙王国，因为殖民地遍布各大洲，无论在一天中的哪个时刻，总有领土被太阳照耀，又被称为“日不落帝国”。

维多利亚时代英国的经济总量，一度占到世界经济总量的70%，它的贸易出口额，更是比其他所有国家的总和还要多上几倍。

1865年，英国经济学家杰文斯曾这样描述极盛时期的大英帝国：

“北美和俄国的平原是我们的玉米地；芝加哥和敖德萨是我们的粮

仓；加拿大和波罗的海是我们的林场；澳大利亚、西亚有我们的牧羊地；阿根廷和北美的西部草原有我们的牛群；秘鲁运来它的白银；南非和澳大利亚的黄金则流到伦敦；印度人和中国人为我们种植茶叶；而我们的咖啡、甘蔗和香料种植园则遍及印度群岛；西班牙和法国是我们的葡萄园；地中海是我们的果园；长期以来早就生长在美国南部的我们的棉花地，现在正在向地球的所有的温暖区域扩展。”

而促成大英帝国走上国力顶峰的关键，就在于第一次工业革命。

众所周知，第一次工业革命开始于英国。18 世纪上半叶，英国在全世界范围内，率先完成了工业革命。此时的英国成为数千年来，地球上出现的第一个工业化国家。在其他国家尚以农业作为国民经济主要部门的当时，英国就与其他对手轻松拉开了代差。

这种代差，就好像最近十来年来智能手机与传统手机的区别一样。看似只相隔十几年，却因为科技的跨越式发展，恰似一个天上，一个地下。

得益于这种代差优势，英军才能在第一次鸦片战争中，以坚船利炮对长矛弓箭，最后以 10000 多的兵力，挫败大清数十万守军；才能在 1898 年入侵苏丹时，以马克沁机枪对骏马弯刀，以阵亡 28 人的代价，击毙 11000 名苏丹骑兵。

仍处于农业时代的国家军队，在面对英军的入侵时，就像是端起长矛、一身盔甲的堂吉诃德，一次次无力地刺向风车，毫无悬念地败下阵来。

狄更斯在其代表作《双城记》里有一个著名的开头，这样描述维多利亚时代的英国：

“这是最好的时代，也是最坏的时代；这是明智的时代，这是愚昧的

◆ 狄更斯的梦想

时代；这是信任的纪元，这是怀疑的纪元；这是光明的季节，这是黑暗的季节；这是希望的春日，这是失望的冬日；我们面前应有尽有，我们面前一无所有；我们都将直上天堂，我们都将直下地狱。”

在许多当时的人们眼中，狄更斯是一个危险的酒鬼和社会活动家，当地人可能会在酒馆里，碰见喝高了的他。可是，也只有这样一位深入民间的伟大作家，才能准确描述出，英国社会越来越明显的内在裂痕。

没错，维多利亚时代的英国，是世界上最富有的国家，经济遥遥领先。然而，社会财富的分配却高度集中，贫富极其悬殊。贵族和大资产阶级有宫殿式的庄园；无产阶级劳工和农民却只有破败的茅屋草舍。当工厂主们悠闲地喝着下午茶的时候，失业的工人却在绝望地挣扎。

英国首相迪斯雷利把维多利亚时代的英国，说成是一个“两个民族”

◆ 维多利亚时代的小女孩和小男孩的彩色照片

的国家：同为英国的国民，有人生活在天堂，有人生活在地狱，而天堂和地狱之间，是高度集中的生产资料，也就是那些隆隆作响的机器在飞速运转。迪斯雷利警告英国议会："当茅屋不舒服时，宫殿是不会安全的。"

1848 年，马克思和恩格斯合著的《共产党宣言》在伦敦第一次出版。1849 年以后，马克思来到英国首都伦敦定居。在这里他亲眼看见了维多利亚时代的社会面貌，随即在伦敦这座当时资本主义最发达的城市，写下了不朽的著作《资本论》。

马克思相信被榨取剩余价值的无产阶级付出了一切，却又一无所有。

觉醒的他们即将加入工会，或是走上革命的道路，从内部带给资本主义以致命打击。在这场革命中，一无所有的无产阶级失去的将只是锁链，而他们赢得的，却将是整个世界。

1900 年，慈禧太后在八国联军的炮火下，逃出北京，沿着乡间小路，忙不迭地逃往西安。在此之前，她早就从洋人那里，听说过英国女王维多利亚的故事。她很高兴，一些洋人把她和维多利亚女王，视为欧亚大陆东西两端的杰出的两位女性统治者。

她不知道，在欧亚大陆的另一端，维多利亚女王已经走向了生命的终点。1900 年 4 月，81 岁的维多利亚女王，为了帮助在南非作战的英军招募士兵，亲自去了爱尔兰。她在爱尔兰首都都柏林逗留了三个礼拜，在没有武装保护的情况下，亲自前往市内各条主干道，这让她的此次来访赢得了民众的欢迎。

然而，正是在这次出访期间，年事已高的她第一次感到了异常明显的疲惫感。这位年过八十的老妪，已经不是当年那个通宵跳舞的少女了。她患上了风湿性关节炎，只得用上拐杖，有时还要借助于轮椅。两年前的 1898 年，也就是戊戌变法发生的当年，维多利亚得了白内障，此后就很难再亲自阅读文件了。她一直以自己非凡的记忆力为傲，可是到了 1900 年，她的记忆力明显衰退。到了秋天，她已经觉察到了身体的变化。她还在强撑着，坚持工作，直到耗尽身体里的最后一点活力。

1901 年 1 月，当慈禧太后正在西安城内焦急地观望北京的局势时，维多利亚女王在一次会谈后晕倒了。醒来后，她明白即将要发生的一切，宣布退位。1901 年 1 月 22 日，维多利亚女王驾崩。

当时在遥远的中国，人们很悲痛，因为国破家亡。同一时间的英国，人们同样很悲痛，因为他们无法想象，维多利亚女王竟然有一天，会离自己而去。

维多利亚女王的驾崩，标志着维多利亚时代的落幕，英国的极盛时期即将结束。随着第二次工业革命的展开，后发国家中的美国、德国，走到了英国的前头。大英帝国还是名义上的世界第一强国，但是帝国已经被余晖所笼罩。

直到今天，人们还在享受维多利亚时代的遗产——阅读狄更斯、萨克雷的小说，朗诵布朗宁、丁尼生的诗歌，讨论卡莱尔、拉斯金的文艺理论，学习麦考莱、阿克顿的历史著作，欣赏时而哥特式、时而文艺复兴式的维多利亚建筑风格，聆听工艺美术运动关于自然、朴实的设计理念。

狄更斯说，那是最好的时代，也是最坏的时代。无论是好还是坏，相信每个人都同意，那是独一无二的维多利亚时代。

（杨盛翔）

文明的故事

新大陆的奇迹

THE STORY of CIVILIZATION

到新大陆去：美国的诞生

前面我们用了很多篇幅讲大西洋东岸的欧洲各国，从中世纪到文艺复兴，从大航海时代到宗教改革，从英国革命到“三十年战争”，但这只是世界历史的一小部分。

本章我们就来看看与欧洲隔海相望的美洲，确切地说是美国到底发生了什么，而他们又与欧洲有哪些瓜葛?

美国是一个既年轻、又古老的国家。说年轻，是因为她迟至 1776 年才建国，而那会儿，大清已经到了乾隆四十一年了。

这一年，57 岁的刘罗锅，也就是刘墉，刚刚结束了为父亲服丧的三年期限，返回北京，被封为内阁大学士；52 岁的纪晓岚，也才被提拔为侍读学士，三年前，他已经开始负责《四库全书》的编纂。

还是在这一年，26 岁的和珅被任命为户部右侍郎、军机大臣，正沿着升官的梯子飞快地攀爬，同时也向着腐败的深渊迅速地坠落。

总之，当时的中国，正处于古代历史上最后一个盛世——康乾盛世的顶峰，他们没有留意到腐坏的种子已经萌芽。更丝毫没有留意到，在太平洋的彼岸，一个未来的世界头号强国已经诞生。

美国又是古老的。因为建立美国的，实际上是欧洲尤其是英国来的移民。美国的历史，在某种程度上其实是欧洲历史的另一种延续。后来的美国人，一方面，对英国怀有特殊的感情；另一方面，又喜欢把自己的国家比作古罗马。他们是把欧洲的古代历史当成自己本国的历史来看待的。

可能你会有疑问，最先到达美洲的不是资助哥伦布的西班牙人吗？为什么说美国的早期移民主要来自英国？

的确，最先在美洲建立殖民地的是西班牙，他们在今天的美国南部建立了第一块殖民地。那里阳光明媚，土壤肥沃，来这里定居的西班牙人，对未来充满了美好的憧憬。

分外眼红的英格兰，在 1497 年也聘用了一位意大利探险家卡波特，希望他能够像自己的意大利老乡哥伦布一样，为英格兰王国在北美也建立一块殖民地。由于北美南部已经被西班牙人占领，卡波特选择去美国的东北部试试运气。

结果卡波特运气不好，登陆的地方气候阴冷、荒无人烟，他们不仅没有在当地找到金银财宝，连印第安人都没有碰见几个，只好两手空空地返回欧洲。英格兰也一度放弃了插手美洲事务的企图。接下来，英格兰爆发了宗教改革。国王亨利八世因为想离婚，却不被罗马教皇允许，干脆用新教取代了听命于教皇的天主教，整个英格兰为此闹得鸡犬不宁。

等英格兰人再度回到北美，已经是半个多世纪后的事情了。当朝的国王已经由感性、暴脾气的亨利八世，换成了他聪慧、理智的女儿——一生未婚的伊丽莎白一世。

此时为英格兰打头阵的，是两名海盗头子。

其中的第一个海盗，就是大名鼎鼎的德雷克船长。众所周知，麦哲伦是第一个开启环球航行之旅的航海家，可惜的是，麦哲伦本人在返航途中，经过菲律宾的时候被当地的土著人杀死，没能与船员一道活着返回西班牙。在麦哲伦身后，德雷克是第二位完成环球航行的航海家，也是第一位在绕行地球一周之后，还能安全归来的航海家。

◆ 纪念“五月花号”到达北美 300 年邮票

另一个海盗的来头也不小，在人气爆棚的日本漫画《海贼王》里，此人是上一代海贼王罗杰的副船长，名叫沃尔特·雷利。漫画里，他气质优雅、才华出众，这样的刻画基本符合历史上真实的人物形象。雷利不仅是个大海盗，还是诗人、政治家、探险家。1587 年，雷利组织了 117 名殖民者去今天美国的弗吉尼亚州定居，安顿好之后他就回欧洲了。过了两年，他又回到那个地方，想看看定居者的情况，可是那里已经一个人都看不见了。

这成了一桩有名的历史悬案，被称作“失落的弗吉尼亚殖民地”。那些定居者，究竟是被印第安人抓走了，是饿死、冻死了，还是遭到了狼群的袭击，我们永远不得而知了。

好在这一次的尝试多少有些收获，1607 年，英格兰人终于在今天的美国境内成功地建立了第一个殖民地，他们用当时英格兰的国王詹姆斯一世的名字来命名这个地方，叫它詹姆斯敦。

◆“五月花号”船复制品

当然，早期移民里最出名的一批，还要属“五月花号”上的那批乘客。

1620 年，“五月花号”载着 102 名乘客，抵达了今天美国东海岸的马萨诸塞州。这 102 人里，有 35 个人是当时在英格兰国内受到排挤的清教徒。他们把自己的宗教信仰带到了美国，直到今天，美国仍然是一个建立在基督新教基础上的国家。总统在就任典礼上，一定要把手放到《圣经》上，宣誓效忠宪法，祈求上帝保佑美国。

虽然后来的美国人把这段历史写得很美妙，但初来乍到的殖民者，其实过得非常辛苦。

当时的美洲人烟稀少、野兽遍地，到处是荒原、森林。新来的殖民者没吃没喝、缺医少药，还要忍受常人难以想象的寂寞，死亡率高得吓人。

最初来到詹姆斯敦定居的 102 名殖民者，到第二年开春时，已经死了一半。后来，又有将近两百人补充进来。可是到第 3 年，竟然只有 60 多个人活了下来。

尽管如此，这里仍然是一片充满希望的土地。

这里的土壤沉淀了上万年的植被，肥沃得超乎想象，辽阔的北美大平原一望无际，相比于人口稠密、人地矛盾突出的欧洲，耕地农场简直是取之不尽、用之不竭。

穷苦的欧洲农民、破产的城镇小市民到了这里，就有很大可能还清债务，当上农场主、企业家。有了希望，人就容易昂扬、乐观。这样的情绪，培育了一种美国人独有的精神，叫作“美国梦”。它的意思说起来很简单，就是人人都可以凭借自己的努力，在一片自由的土地上打拼，过上想过的生活。

这里也没有欧洲的宗教对立情绪，大家爱信什么宗教，只管去信好了，反正天高地远，大家各过各的，各个殖民地之间互不干涉，享有充分的信仰自由。再加上来到美国的早期移民，大都信奉新教，也不存在宗教对立的理由。

◆ 定居者分发玉米

除此之外，这里也没有旧大陆那种经历几千年历史发展之后形成的社会等级。这里没有 old money（直译为“旧钱或老钱”，通常表示贵族、祖传财产），不管你祖上在欧洲的时候，是伯爵，还是农奴，这里人人都是新来者，成功了都算暴发户。社会相对平等，人与人之间没有根深蒂固的尊卑思想。

在这种背景下，英属北美殖民地经过 100 多年的发展，共建立了 13 个殖民地。这些殖民地日渐强大起来，成为一股不可小视的力量。后来还变成美国建国之初的 13 个州。

英属北美殖民地是自由、平等的，指的是它的内部环境。向外看，情况就不一样了。

北美殖民地是有最高统治者的，那就是历任英国国王。本质上，英属北美殖民地的殖民者，与英国的国内民众一样，都是效忠于英国国王的臣民。

1760 年，英国迎来了一位新国王，叫作乔治三世。他在位时，英国迎来了国力的突飞猛进，但另一方面，又因为政策失误，丢掉了蒸蒸日上的北美殖民地。

乔治三世登基后，英国打赢了与法国之间延续多年的一场鏖战。这场战争从 1756 年打到 1763 年，被称为英法七年战争。

战争期间，英国和法国这对死敌不仅在欧洲打，在印度打，在菲律宾打，还在今天的美国境内大打出手。

今天美国的东海岸地区当时是英属殖民地，中部地区也就是阿巴拉契亚山脉以西是法属殖民地。这里有个点我觉得有必要提一下，英法两国在北美殖民地的分布差异也是有深层次的政治文化原因的。英国是岛国，追求商业贸易，喜欢占领入海口或海岸地区；法国是陆权思维国家，喜欢去内陆占据大片领土。当英法在本土打起来的时候，这两块殖民地之间自然也爆发了战争。

表面上看法属殖民地的地盘比英属殖民地大很多，但是由于英国长期以来扎扎实实推进殖民工作，开放移民政策，鼓励大家建农场、办工厂，所以人多势众，财力雄厚。

相比之下，法国人对中部地区的利用，仅限于打猎，把打来的野兽毛皮高价卖回欧洲，给巴黎的贵妇人消费。他们很少在这儿定居，也没有想过建立成熟的社会，所以人烟稀少。

七年战争打响后，法属北美殖民地只有少量驻扎军队的据点，没有什么居民，连军队的补给都成了问题，迫不得已之下，只好与附近的印第安人联合起来。英国军队就不一样了，他们有人口稠密、经济富饶的英属北美殖民地的支持，最终顺理成章地打败了法国人和印第安人。

七年战争的结果是英国成了最大赢家，法国输得彻底。法国被迫将整个加拿大割让给英国，还把今天美国境内的旧法属殖民地、密西西比河东岸直接割让给英国，法国势力基本上从北美撤出。英国在北美的势力达到巅峰。

可是正当英国沉浸在海外殖民地霸主的荣耀中时，它万万没想到曾经给自己带来了诸多财富和助益的北美殖民地，悄然孕育着日后足以倾覆自己的种子。

北美殖民地在支援英军打胜仗的过程中，也在实战中锻炼培养了许多优秀的军人，他们日后成长为美国独立战争的领袖，其中包括开国总统华盛顿将军。

英国因为战场铺得太开，付出了极高的军费，几乎掏空了国库，急需通过提高税收等手段重新充实国库。

所以，七年战争结束后，英属北美殖民地没有等来该有的回报，得到的却是高额的税费压榨。

英国政府的手段，一是强行征税，二是倾销商品。

征税不是新鲜事，作为英国国王的臣民，北美殖民地的居民，一直都要交税。他们不满的事不是缴税，而是缴税后，却没有获得与英国本土人一样的政治权利。

大家也许还记得，1688 年光荣革命以后，英国就建立了君主立宪制，议会成为国家实际上的权力中心。理论上但凡某个地区缴纳了税款，这个地方的人民就有权利派出代表，到议会中发言表态，维护本地区的利益。但长期以来，北美殖民地的居民只有纳税的义务，却没有选派代表去英国议会讨价还价的权利。换句话说，作为英国的公民，他们拥有的权利和承担的义务严重不对等。

放在之前，殖民地人民也就忍了，谁让英国是自己的祖国呢。可是在他们费尽力气，付出高昂代价，帮助英国赢得七年战争之后，眼看着英国爸爸竟然对自己恩将仇报，他们的心态崩了。

殖民地人民开始喊出一句著名的口号——“无代表，不纳税！”

也就是说，不让人家派代表，去祖国议会里喝喝咖啡、吵吵架，人家可就不再纳税了哦。

以前，英国也不是没有听到过北美殖民地传来的类似呼声，但也是雷声大，雨点小。所以这一次他们大意了，他们想当然地以为，殖民地人民依然只是撒撒娇、耍耍小脾气。

而且他们还向殖民地大规模倾销商品。

18 世纪的中国，向西方出口了天文数字的茶叶，把英国改造成了一个嗜茶如命的国度。去过英国你就知道，热茶确实是度过英国阴冷潮湿的冬天最好的解药。

北美殖民地的人民，自然而然地也养成了喝茶的习惯。于是，像英国东印度公司这样的跨国企业，开始在国际做起转口贸易，把中国茶叶转卖到北美市场。

因为运输、货源等方面的优势，英国东印度公司拿到的中国茶叶，要比北美茶叶贩子手里的茶叶便宜得多。所以，北美殖民地一直向英国东印度公司征收关税，以抵消对方的价格优势。

可是到了 1773 年，财政困难的英国决定向北美殖民地摊牌。这一年，没有北美代表参加的英国议会，出台了《茶税法》(Tea Act)。根据这项法案，从此以后，英国东印度公司的茶叶，在输入北美市场时，将享受免税的特权。

从民众的角度来说，如果你是北美殖民地的一名普通百姓，这意味着你可以在今后的一段时间内，喝到更便宜的中国茶叶，似乎是一件好事。可是对于北美本土的茶叶商人来说，这意味着他们离破产已经指日可待了。而且，稍具经济常识的人都明白，一旦没有本土商人的竞争，垄断市场以后的外国商家，就会掌握定价权，到那时他们就可以把茶叶想卖多贵，就卖多贵。

1773 年 11 月，3 艘英国东印度公司的大型商船，满载着 342 箱来自中国福建武夷山地区的红茶，以及少量绿茶，浩浩荡荡地开往了马萨诸塞州的波士顿。

北美殖民地的舆论一时间沸腾了。

就在各方商议对策的时候，12 月 16 日，60 个“印第安人”秘密爬上了这 3 艘大船，他们先把所有茶叶倾倒一空，接着把茶叶箱也扔进了海里。

这起事件，就是著名的“波士顿倾茶事件”。

这 60 名暴徒，其实并不是什么印第安人，他们是经过乔装打扮的一

◆ 波士顿倾茶事件画面

群北美殖民地的激进分子。与那些提倡谈判的温和派不同，他们倡导采取武力，反抗来自祖国的商业倾销。他们也知道，这样的暴力行为是违法的，是不体面的，是对英国东印度公司私有财产的侵犯，所以他们才乔装打扮，企图让无辜的印第安人为自己背锅。

342 箱中国茶叶就以这样一种方式，与美国的独立联系在了一起。

气红了眼的英国，认为波士顿倾茶事件是对自己的公然挑衅。这一次，他们决定来硬的。

1774 年，依然没有北美殖民地代表参加的英国议会，通过了一系列所谓的“强制法令”，规定英军可以强行搜查北美殖民地的民宅，并且取消了波士顿所在的马萨诸塞州的自治地位，关闭了当时殖民地最大的港口波士顿港，许多人因此失业。

这些惩罚措施显然过于严厉了，它直接危及了殖民地的繁荣和自由。

事已至此，已经没有挽回的余地。1775 年 4 月，北美殖民地的人民，在莱克星顿打响了反抗英国的第一枪，美国独立战争就此爆发。

从 1775 年到 1783 年，经过长达 8 年的艰苦抗战，北美人民终于击退英军，迫使英国承认了北美殖民地的独立地位。

这个由原先的英属北美殖民地演化而来的新国家，就是美利坚合众国，简称美国。可能当时连英国也没想到，这个看起来还相对弱小的国家，将在 19 世纪成长为世界第一经济大国，在 20 世纪成长为世界头号强国。无论是美国开国的政治家，还是亲身参与独立战争的士兵，甚至是实施了倾茶事件的人，可能都不会想到，自己的行动将会深刻地改变后来几百年的世界历史。

独立战争爆发的原因，说复杂也复杂，说简单也简单——就是人的利益受到了侵犯，有压迫就会有反抗。战争总是会付出惨烈的代价，但是在废墟之上也会有新的希望出现，这就是美国的诞生。而美国诞生之后，除了带来新的和平与秩序，也必然会带来新的矛盾与冲突。这也是被日后的历史所无数次验证的。

（杨盛翔）

平淡的莱克星顿枪声：打响独立的第一枪

之前讲了美国独立的起因，本章讲讲打响美国独立战争第一枪的战斗。

现今在波士顿市西郊莱克星顿小镇的镇中心竖立着一座美国独立战争纪念碑。碑座上是一个手握步枪、英姿飒爽的民兵铜像，民兵的脸上是视死如归、无所畏惧的表情。铜像旁边刻着这样一段话：

“坚守阵地。在敌人没有开枪射击前，不要先开枪；但是，如果敌人硬要把战争加在我们头上，那么就让战争从这儿开始吧！”

就是在这个小镇发生的战役，揭开了北美独立战争的序幕。

波士顿倾茶事件进一步激化了双方的矛盾。面对北美人民的一次次反抗，英国政府开始变本加厉地压榨北美殖民地。他们颁布了一系列强制性法令，被北美人民称为“不可容忍法案”。

既然矛盾如此尖锐，总要有个解决的办法。对此，来自 12 个区（除佐治亚以外）的 56 名殖民地代表齐聚费城，召开联合会议，史称“第一

◆ 第一届大陆会议的召开

届大陆会议”。他们一致认为要组成大陆军，要以武装斗争反抗英国的压迫统治。

这是北美人民第一次发出要自由的呐喊。殖民地人民自发组成了一支民兵队伍，共有 6 万人左右。但是这支队伍十分可怜，军队既没有战舰也缺少武器，有些士兵甚至连衣服和鞋子都是不完整的。可以说，除了战斗的热情，北美大陆军几乎什么都没有。他们的对手却是强大的英国部队，此时的英国已经完成了资产阶级革命，是当时的海上霸主，拥有世界上最先进的武器装备和丰富的作战经验。

当时英国在北美的常驻军事力量是 8000 名精兵，为了镇压民兵起义，又有大批士兵被陆续运到了北美大陆。

强大的英军并没有让北美人民放弃抵抗的决心，北美各州都在暗地里进行民兵训练和军火储备。这些活动也引起了英国政府的注意。英国人为了把各地的起义行动都扼杀在摇篮里，开始向各地派出驻军，意图剿灭民兵的势力。

◆ 银匠保罗·里维尔到莱克星顿告知英军即将来袭

这种剑拔弩张的对峙形势在马萨诸塞州最为严峻。在这里，托马斯·盖奇是马萨诸塞州的总督兼驻殖民地英军总司令，他亲自率兵坐镇波士顿，监督工事，训练军队，为了获取情报，他还安排了间谍负责收集殖民地当地的情报。

真正的历史常常是很多不确定因素的叠加，而不是像文学作品那样经过数不清的精确设计和精心雕琢。历史的细节总是充满惊喜和意外。

1775 年 4 月 18 日这一天，盖奇接到情报说一批殖民地民兵正在往离波士顿不远的康科德聚集，那里储备着数量可观的火药和军需品。盖奇马上下令派兵前往康科德，摧毁这个军需基地，并且逮捕殖民地反抗运动的领袖塞缪尔·亚当斯。这个情报意外地被一个叫保罗·里维尔的银匠得知，他是北美争取民族解放的秘密组织“自由之子社”的成员之一。

当天晚上，里维尔快马飞奔到康科德报信，途经莱克星顿的时候，也把消息告知了当地的民兵首领。这时，英军已经启程，马上就要抵达康科德了。

大陆军在波士顿的主要军火都集中在康科德的军备库内，如果被英军缴获，就等于砍掉了波士顿大陆军的一只手臂。莱克星顿的民兵组织都知道康科德军备库的重要性，所以在得到消息之后，他们决定正面迎战英

◆ 莱克星顿发生武装冲突

军，拖延住他们，给康科德的民兵留下转移军备的时间。他们埋伏在英军必经之路的周围，等待英军的到来。

这是非常漫长的一夜，19 日清晨，等待了一夜的莱克星顿民兵终于看见了英军骑兵的身影。整齐的骑兵在主帅史密斯的带领下正向莱克星顿前进，就在他们准备进入村子的时候，前线的民兵手握兵器冲了出来，面对面地站在英国骑兵面前，阻挡住了他们的去路。民兵的出现反而引起了英军的一阵哄笑：

“你们确定手里拿的是武器，而不是农具吗？”

骑兵主帅继续卖弄他的幽默：

“你们就不能等捡到两只同样颜色的鞋再来打仗吗？”

英军丝毫没有把莱克星顿的民兵放在眼里。但是，民兵面对强大的英军队伍也一点都没有退缩，莱克星顿的一名民兵主动打响了对峙的第一枪，他在历史上虽然没有留下名字，但这一枪成为美国即将诞生的一个信号。

史密斯立即下令英军冲破民兵的防线，虽然脆弱的莱克星顿村民很快就被英军击退，但还是为了保护康科德的军备争取到了宝贵的时间。

在莱克星顿遭遇战后，英军继续前进来到康科德。但是这里只剩下一座空旷的村落和一无所有的火药库，所有的装备都已经被连夜运走了。就在英军非常懊恼的时候，四面八方响起了密集的枪声，英军被来了一个瓮中捉鳖，在失去了 1/3 的兵力后，他们意识到自己无法剿灭这里的民兵，于是狼狈地撤退了。

之后不久，成千上万的民兵从新英格兰各地陆续赶来，不到一个星期，就把波士顿团团围住了。1775 年 6 月中旬，三名英军少将率领千名英军前往波士顿支援困守的英军。得到这个消息后，盖奇和民兵做出了不同的反应：盖奇准备给围攻他们的民兵一点儿厉害瞧瞧；而民兵们则在波士顿北面的布里德山聚集，希望阻止波士顿的英军与增援英军会合。

不久，英军的援军统帅抱着攻占布里德山的企图，率领 2200 名英军向民兵们发动了进攻。英军经过三次进攻，与民兵激烈地交火，才最终占领了布里德山阵地，当然他们也为此付出了惨重的伤亡代价。

“莱克星顿的枪声”是我们在读美国建国史的时候常常听到的一个词。然而，从我对这场战斗的描述中，各位显而易见地了解了一个历史事实，这场战斗其实并没有什么惊心动魄的地方，并且失败了。其过程和结果都不具有所谓的传奇色彩。但是毫无疑问它仍然在世界历史上占有独特的位置。

虽然我们在讲历史的时候，往往都会用故事的形式，但是真正的历史具有很强的复杂性和广阔性。在不经包装的前提下，可能是很简陋的甚至是很粗糙的，无法像文学作品那样，有着严丝合缝的结构和前后呼应的逻辑。要想真正理解历史，把握住它的脉搏，可能首先就要打破追求传奇的审美倾向吧。

◆ 独立战争纪念碑

但不可否认的是，虽然过程并不传奇，结果却足够惊艳。1775 到 1783 年，一场造就美国的战争，在一个叫莱克星顿的小镇开始了，北美的独立就此打开了一扇大门。通过这场战争，世界历史上又有一位赫赫有名的总统走上了历史的舞台，他就是华盛顿，又一个奇迹强国正在大西洋彼岸冉冉升起。

（胡晔）

约克敦攻坚战：华盛顿戎马生涯最辉煌的战役

自从莱克星顿的枪声打响之后，北美人民就开始向自由和独立迈进。一面是斗志昂扬但什么也没有的北美民兵，一面是财大气粗的海上霸主大英帝国，双方的实力一对比，注定北美的独立战争不会是铺满鲜花的大道，而是一条布满荆棘的险途。

即使如此，北美人民从没放弃对自由和独立的渴望。他们顽强地跟英军对抗。殖民地人民也深知外援的重要性，他们远赴欧洲争取法国、西班牙等国的支援。但是这些国家抱着一种看热闹的心态，同时也想帮助美国打垮英国，这样自己也少了一个竞争对手，还能拉拢一个新朋友；但另一方面又怕帮助人民之后，万一北美独立没成功，自己再树立一个敌人。所以都在隔岸观火。

看透欧洲大国的态度后，殖民地人民明白了打铁还需自身硬，他们更积极地投入到正面的战斗中。终于在 1777 年取得了萨拉托加大捷，让独立战争进入到了战略相持阶段。萨拉托加大捷也让欧洲各国看到了殖民地

◆ 约克敦的位置图

人民的战斗力，他们开始转而支持北美的独立战争，法国就在这个时候开始公开支持美国。

在美法联手的进攻下，英军在北美开始节节败退，地盘一缩再缩，最后只剩下纽约和弗吉尼亚还在英国人的手中。1781 年 3 月，英军首领查尔斯·康沃利斯带着 9000 名士兵退守弗吉尼亚半岛的约克敦城。

美法联军商量到底是先攻克纽约还是约克敦。纽约是英军的大本营，按理说应该先攻打纽约。但是在 8 月份的时候，法国的舰队挺进了切萨皮克湾，截获了英军的战略补给，同时也封锁了约克敦和外界的唯一海上通道。这样一来，约克敦的补给就成了问题，攻打约克敦的胜算就更大。在占有优势的条件下，华盛顿放弃了进攻纽约的计划，和法国远征军总司令罗尚博伯爵带着大军准备南下弗吉尼亚半岛，攻打约克敦。

美法联军已经做好了战略布局，事先没有走漏任何风声。华盛顿准备采取出其不意的策略，打英军个措手不及。他采取严格的保密措施，连参战的士兵们都不知道他们是向哪里行军。

与此同时，华盛顿还声东击西，做出一副想要攻打纽约的样子，他让间谍们放出要攻打纽约的风声。纽约的守军听到消息后，十分紧张，他们积极地准备跟美法联军大干一场，丝毫不敢放松警惕。此时他们根本就是自顾不暇，就别提跟驻守约克敦的康沃利斯通气了。

也许是自己的兵力过于单薄，康沃利斯天真地认为纽约的军队不会放任他们没有补给而不管，他采取了坐等援助的策略。现在看来，这个策略跟坐吃等死没啥区别。就康沃利斯来说，实际上华盛顿没有抵达约克敦之前，他还是有机会进行准备的。

英军提前驻扎在约克敦，明明可以占据有利地形，为打仗做好准备。但是康沃利斯依然消极等待援军，丝毫没有做任何的战略部署，也没有加固防守措施。等到美法联军抵达的时候，康沃利斯终于慌了神，怎么敌人比援军来得更快呢？！但是再要准备已经来不及了。

9 月 14 日，华盛顿的大军抵达威廉斯堡，康沃利斯这时才认清现实，援军是等不到了，只能依靠自己的力量对抗美法联军。

到了 9 月 28 日，华盛顿带领美法联军包围了约克敦，两军分别从左、右两侧进攻这座拥有众多堡垒的城市。不过兵来将挡水来土掩，康沃利斯硬着头皮固守城池，用大炮轰射联军的进攻，好歹是抗住了第一天。

华盛顿一看康沃利斯的大炮还挺管用，联军怎么也攻不上去，就开始想其他的办法。美法联军抵御不住英军的大炮一个重要原因是英军占据着战略高地，他们的射击杀伤力很大。如果想减少联军的损失，只能加强掩

◆ 约克敦战场遗址

护，那就要修建战壕。于是华盛顿开始命令士兵们挖掘战壕。

美法联军一边继续用炮弹跟英军正面对轰，一边悄悄挖掘战壕，把战线慢慢地向前移动。

英军到底是占据了有利的地形，所以一直没有到山穷水尽的地步。就在两者打得难解难分的时候，康沃利斯收到了来自纽约的好消息，告诉他援兵马上就要到了。不过福祸相依，本来这是件好事，但康沃利斯立刻放松了对美法联军的警惕，他开始放弃部分堡垒的守卫，集中兵力加固内城的防御。

看样子他想缩小防守范围死守内城，等待援军从外面包抄美法联军。但是这样做的坏处是给了联军缩小战略包围圈的机会，让自己成为敌人死缠烂打的核心目标，将自己陷于不利境地。

10 月 6 日，联军的第一道战壕投入了使用。由于英军退守内城，所以这道战壕刚好处于英军的射程之外。而联军在这里安置的火炮和迫击炮却能射入英军的城内，给英军造成很大的困扰。

华盛顿亲自发射的炮弹甚至击中了康沃利斯的餐桌，使英军主将颜面大失。在炮弹的掩护下，联军的第二道战壕也开始动土，这道战壕离约克敦更近，几乎就在英军眼皮子下面。

这时约克敦一连多日缺少补给，为了维持战斗力，他们不得不杀掉很多战马。在这关头，康沃利斯却接到了纽约援军可能会迟到几天的通知，事实上他们于 10 月 12 日才从纽约出发，这才是真正的坑战友啊！

就在这天的早晨，美法联军已经到了新战壕内，这里距离约克敦只有 150 米左右，大炮近距离轰炸在围墙上，密集的火力让英军没时间修补围墙，甚至连康沃利斯的总司令部都被炮弹击塌，约克敦已经岌岌可危了。

华盛顿并没有给对手喘息的机会，他选择了趁热打铁，准备一鼓作气攻下约克敦城。他下令夺取英军最近的两座堡垒，于是美法分别派出一支先锋队向堡垒进攻。这两支先锋队迎着英军堡垒中射出的枪林弹雨抵达堡垒之下，先集中火力猛攻堡垒一处，打开一个缺口后就鱼贯而入堡垒内部。

康沃利斯深知堡垒的重要性，他们几乎相当于约克敦的门户，如果堡垒失守就意味着即将沦陷，所以他不断向此处加派兵力，阻挡美法先锋队的进攻。

但这是两支非常神勇的军队，由于处在低处，无法发挥枪的力量，只能采用最原始的近身搏击战术。最前面的士兵站在堡垒下作肉梯，后面的士兵踩在同伴的肩膀上，用长矛和堡垒上的英军搏斗。很多作为梯子的士兵被炮弹打中，但是他们没有倒下，坚持用身体支撑上面的战友继续作战，如果是上面的士兵被击中跌下来，很快就会有人替补上去。

作战中的美军还不断地高喊着："为了我们的堡垒！为了我们的家园！"在这样的气势下，英军的两座堡垒很快失守了。联军占领了堡垒，等于攻下约克敦的半壁江山，之后，联军在堡垒中安置了很多火力用来对付英军。与此同时，联军已经从陆路上全面包围了英军，歼灭战就在一夕之间。

15 日晚，康沃利斯集结残余的兵力向联军发出最后一次进攻。联军的战线被打开了一个缺口，但是垂死挣扎的英军很快就被法军一支巡逻队镇压下去，反而受到联军几轮更加猛烈的炮轰。康沃利斯反攻不成，打算渡河逃走，但是英军只有第一波人成功过河，之后突然天降大雨，河水暴涨，渡河逃跑的计划失败了。剩余的英军只能困守在约克敦城内，惶恐地躲避联军的进攻。

这一战被称为华盛顿戎马生涯中最辉煌的一战，他恰到好处地利用

◆ 英军投降画面

了康沃利斯的策略失误，为美军的最终胜利赢得了希望。美军借此机会转向南卡罗来纳，大举进攻，消灭了大量敌人。

◆ 1931 年发行的纪念约克敦大捷 150 周年邮票

10 月 19 日，8000 名英军走出了约克敦，向美军投降，这场战役以美军的胜利告终。当服装整齐的英军出现在衣衫褴褛的美国民兵面前并一一放下武器的时候，乐队奏响了《地覆天翻，世界倒转过来了》的著名乐章。

随后双方缔结了条约，但是康沃利斯拒绝会见华盛顿，并以生病为理由拒绝出席受降典礼。典礼上，英军正式宣布战败。

具有讽刺性的是，5 天后纽约的援军才姗姗而来，主将克林顿在得知约克敦全城失守后狼狈回到纽约，这是英军在美国的最后一个战略据点。实际上康沃利斯的投降就意味着英国在北美的势力基本瓦解，之后英军只进行了几次小规模的对抗战，均以失败告终。

1783 年 9 月 3 日，美利坚合众国与英国签署了《巴黎和约》，和约的第一条就规定："英王陛下承认合众国为自由、自主和独立的国家。"该和约的签订标志着英国正式承认美国独立。

至此，美国独立战争基本结束。谁也没有想到，这个新成立的北美国家会在短短的 100 年内迅速成长，成为老牌殖民帝国最强劲的对手。

对于美利坚人民来说，这是他们期盼了多年的自由和权利，尽管他们为此付出了昂贵的生命代价。

（胡晔）

路易斯安那购买案：以白菜价格买来的黄金般土地

前面我们讲到北美殖民地人民经过 8 年战争，终于获得独立，建立了美利坚合众国。但那时候的美国远不是现在的模样，不管是领土还是实力。

今日领土面积位居世界第四位的美国，在独立时只有大西洋沿岸 13 个州，国土面积才约 80 万平方千米，相当于我国东北三省那么大的面积。然而，到 19 世纪末，美国的领土面积就达到了 900 多万平方千米。领土扩张的速度惊人。

那么，美国是如何得到如此大面积的领土的呢？这当中有一些是美国通过暴力手段抢来的，还有相当大一部分则是他们买来的。

在此类的土地买卖中，有一块面积最大、价格最低的土地，是 1803 年美国从当时法国第一执政拿破仑手中，以每英亩三美分的“白菜价”购得的。要说为什么珍贵稀缺的土地却卖出了“白菜价格”，这里面还真有一段令人发笑的故事！

◆ 路易斯安那的位置图

拿破仑卖出去的这一大块地叫路易斯安那，但它并不只是今天美国的路易斯安那州，而是横跨美国中部 13 个州的广阔地区，总面积达 260 万平方千米。

可是，美国怎么就得到了这么一大块法国殖民地呢，法国又为什么愿意卖地给美国呢？

这里最初是法国的殖民地，因此便以法王路易十四的名字命名。只是后来路易十四的败家孙子路易十五继承王位后，整日贪图享受不理朝政，搞得好好一个大国江河日下，不仅在北美大陆败得溃不成军，最后甚至还在一次决定其全球地位的英法七年战争中败给了英国。

作为一个纨绔子弟，路易十五虽然没什么治国的能力，但他还是有些小聪明的，眼见着作为北美殖民地的路易斯安那保不住了，他心想：

“与其就这么便宜了我们的宿敌英国人，还不如趁英国抢夺之前先送给别的国家，这样没准还能换来一个日后一起对抗英国的盟友呢。”

于是，路易十五马上想到了自己的远房堂侄、时任西班牙国王的卡洛斯三世。西班牙方面有了路易斯安那的加入，它在北美大陆的殖民地正好可以连成一整片，双方可谓一拍即合！

于是从 1762 年起也就是七年战争结束的前一年，这片大块的土地就这么便宜了西班牙。

然而过了 20 多年，1789 年法国大革命一爆发，国王路易十六被革命者送上了断头台。

随后，在位的西班牙卡洛斯四世打着为远房堂弟报仇平叛的旗号，加入了第一次反法同盟的行列。可是，被战无不胜的拿破仑打败了。

获胜的拿破仑逼迫惨败后的西班牙国王与法国结盟，否则就进攻西班牙本土，把卡洛斯四世也送上断头台，让他成为第二个路易十六。

软弱的卡洛斯四世眼见战败的反法同盟已经帮不了他，出于害怕便答应了。随后，拿破仑在 1800 年又逼迫西班牙国王签订条约，让他把路易斯安那归还给法国。

拿破仑除了在欧洲大陆与反法同盟火拼，法国的海外殖民地也不太平。当时法国在加勒比海的殖民地起义此起彼伏。法国派出远征军镇压，谁知天有不测风云，法国远征军突然暴发了黄热病，死伤了十之六七，甚至包括主帅在内的很多法军主力都病死了，本来几万人的大军最后死得剩下不到 1 万人，只好灰溜溜地逃回了法国，海地宣布独立。海上枢纽海地一丢，法国再也无力去接管路易斯安那了。

除了殖民地丢失，接连的失利也让拿破仑为军费开支头疼不已，偏偏在此时，美国人上门来说要买地。拿破仑这时候想到了路易十五当年用过的“计策”：

◆ 新奥尔良掠影

“既然我法国守不住，不如把它交到英国人的对头美国人手里，怎么着也不能便宜了英国人。反正这块地方也是从西班牙人手里抢回来的，卖了还能换点军费，然后建设完海军再去与英国人决战，这买卖不亏！”

在当时，拿破仑售地的决定得到了大部分将领的赞同，当然也有个别反对的声音，其中就包括法国的大文学家夏多布里昂和外交部长塔列朗。夏多布里昂认为，路易斯安那是一片非常值得开发的土地，好不容易到手，未经开发就售出太可惜了。塔列朗则表示，如果要把路易斯安那卖给美国，势必会牵涉出法西当年交易此地时签订的条约，当时条约规定法国不会再把此地出售给第三方国家，这样一来必然会引发西班牙国内的不满。即使为了日后和英国对抗，法国还是需要借用一些西班牙人的海上力量，所以说这时候得罪西班牙人是极其不合适的。然而，一心想着尽快完成称帝霸业的拿破仑根本听不进去二人的劝诫，最终还是派了财政部部长去与美国人谈判。

话又说回来了，美国人怎么就来得这么是时候呢？其实美国盯着路易斯安那这块肥肉很久了，这不光是因为路易斯安那大片的土地，还有一个重要的因素是位于密西西比河出海口的新奥尔良。

甚至在一开始，美国也没想过吞下路易斯安那这么一大片土地，他们只是想要新奥尔良。这个港口对当时美国的农产品进出口贸易来说，有着非凡的地位和价值。

时任美国总统的托马斯·杰斐逊在同国会商议之后，有意出钱向法国购买新奥尔良港及其周边的一些地区。随后，他便派门罗和利文斯顿前往法国，探讨购买新奥尔良港的可能性。

除此之外，他还请求自己的朋友、法国贵族杜邦陪同二人前往法国并从中斡旋，以竭力促成此次谈判。

三人到达法国后，通过杜邦在法国的人脉得知，法国决心组织舰队攻打英国，正在筹措军费。

正当三人打算将这些消息报告给杰斐逊总统时，海地那边法军兵败的消息就传开了。三人当机立断，变试探为真谈判，提请拿破仑要求购买新奥尔良。于是不久之后，他们三人就与法国财政部部长坐到了谈判桌前。

财政部部长是巴贝马霸侯爵，这是一名极其昏庸的谈判者，拿破仑本意是要他借谈新奥尔良的事情，向美国人提出购买整个路易斯安那的条件，具体价格要根据美国人对新奥尔良的出价来决定，说白了就是要待价而沽。但是，这位昏庸的巴贝马霸侯爵竟单纯地以为近几年法国的军费预算，就是拿破仑索要的价格，为此他还特意换算成了美元。于是到了谈判当天，这位愚蠢的侯爵不等美国人出价就脱口而出交了底牌——8000 万法郎，合 1500 万美元，包括 260 万平方千米土地。

尽管谈判的三位美方代表知道自己本身并没有随意扩大交易范围的权力——他们本来只被授予以 200 万美元的最高价购买新奥尔良及其周边的

五个县的权力。然而此等好事，又岂能错过？三个人马上喜出望外地答应了。三位代表在购买合同上签完字便迅速离开了，生怕法国方面反悔。

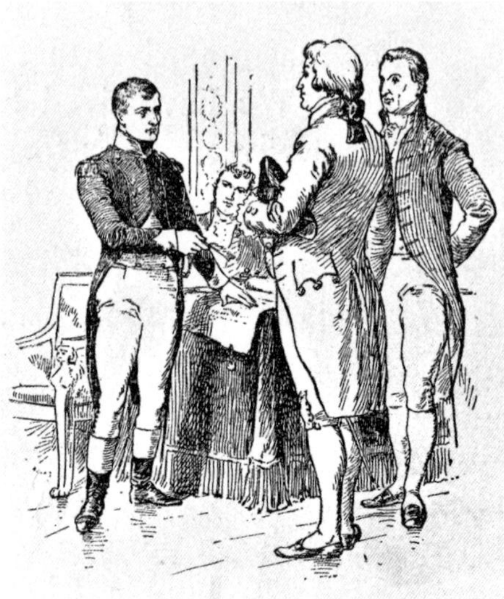

◆ 拿破仑在路易斯安那购买协议签字

拿破仑知道此事后脸色十分难看，虽然军费的问题是解决了，但是他知道法国吃了大亏。然而合同已经签了，并且此时他几乎已经和全世界为敌了，不能再毁约得罪美国人了。于是只能对着巴贝马霸侯爵出气了事。

另外，当买地的消息传回美国，本来捡了个大便宜应该高奏凯歌的美国人，居然陷入了激烈的争吵中。

美国朝野充斥着反对并购整个路易斯安那的声音，许多议员甚至声称购地是违宪的。首先他们表示，在并购路易斯安那以后，对于如何处理旧有各州与新领地居民之间的关系是个大问题。新领地多是法裔、西班牙裔和黑人，极容易与前去拓殖和投资的美国人产生冲突。此外他们还认为，收购此地会得罪西班牙人，况且当前西班牙人还盘踞在佛罗里达和拉丁美洲地区，只要他们想报复，就会随时爆发一场大规模的战争，到时候美国失去的没准就不仅仅是一个路易斯安那了。

然而，最终对现实利益的追求还是压倒了对战争威胁的恐惧，美国国会最终以 57：51 的微弱优势通过了路易斯安那购买案。

也许那时谁也没有预料到，就在这之后不久，路易斯安那地区竟成为美国人民不断向西挺进、开启财富之门的康庄大道。

◆ 1904 年发行的纪念购买案的美国邮票

客观地说，美国在这个时期的迅速崛起，确实是因为在欧洲列强争霸的夹缝中坐收了渔翁之利。英法也好，西班牙也好，这些老牌的霸主都忙于和欧洲的老对手打得你死我活，无暇对这个刚刚兴起的前殖民地国家投入过多的注意力。相反，美国自己的政策却是埋头苦干、闷声发财，以极快的速度走上了领土扩张之路。杰斐逊在就职总统之后不久就说道：

“不管现在我们的利益会怎样把我们限制在自己的疆界内，但不可能不展望未来。那时，我们的迅速发展壮大会把我们的利益扩大到该疆界以外，囊括整个北美，即使不包括南美也是如此。”

而为了达到这个目的，美国在建国之后长期推行外交中立政策，坐看欧洲列强的内斗，趁机壮大自身，取得了极佳的效果。就路易斯安那这次收购案来说，美国占了法国的便宜，确实有一定的偶然性。但从长远来看，美国在领土扩张的政策指引下，逐渐向西海岸推进，最终奠定了现在的疆域基础，却是必然的。可以说，美国奠定现代领土疆域的过程，也是世界由近代走向现代的一个侧面，同时也是旧的国家逐渐式微、新的强国正在崛起的过程。

（韩毅）

旧金山与李维斯：十九世纪美国加利福尼亚的淘金热

在美国加利福尼亚州的太平洋沿岸，有一座闻名遐迩的城市——旧金山。

它是美国第七大城市、世界著名旅游胜地，附近有全球电子信息技术之都硅谷。它既是世界最重要的高新技术研发基地和美国西部最重要的金融中心，也是联合国的诞生地。

与纽约、伦敦、巴黎等绝大多数外国城市的中文译名不同，旧金山不是根据城市外文名字的发音转译过来，而是一个地地道道的中文名字。实际上，旧金山的外文名字为 San Francisco，直译为圣弗朗西斯科，是由最初建造该城的西班牙殖民者为纪念一名天主教圣徒而起的。

那么，这个以西班牙宗教人物命名的城市，为什么会被海内外华人甚至包括美国人自己都称为“旧金山”呢？故事还要从 1848 年说起。

那一年，法兰西第二共和国建立，它成为法国历史上存在时间最短的政体；

◆ 旧金山远眺

那一年，英国作家艾米莉·勃朗特去世，《呼啸山庄》成为她年仅 30 岁生命中唯一一部小说；

那一年，英国保诚保险集团成立。60 多年后，泰坦尼克号的沉没，也没把这家英国最大的保险公司赔倒；

那一年，中国上海老凤祥银楼开张，这个以贵金属首饰为产品的银楼开启了它的百年品牌。

与此同时，有一批中国人却同样为了贵金属，向西方涌去。

因为在那一年的美国，圣弗朗西斯科附近的亚美利加河浅滩发现了黄金。这一消息在当地迅速地传开了。接着，来往的游客、商人又把消息传到了别的地方。很快，一传十、十传百，这个消息就传遍了整个北美大陆。

就在旧金山发现金矿不久，美国刚刚取得了与墨西哥战争的胜利，根据两国签署的条约，美国从墨西哥手里攫取了包括加利福尼亚在内的 230 多万平方千米土地。

当加利福尼亚发现金矿的消息传到当时的美国总统波尔克耳朵里时，

他简直欣喜若狂。这个消息来得太是时候了！因为，波尔克总统正为如何开发这一大片土地发愁呢！而发现金矿的消息，既可以成为引导美国民众向西开拓的动力，又可以成为吸纳更多移民来共同建设美国的诱饵。于是，便发布政府通告，确认了加州有金矿的传闻。

不仅如此，从 8 月开始，美国的报纸也开始连续报道加州开发金矿的新闻。后来，就连远在广东台山的中国人都知道了这个消息。黄金面前，谁还会无动于衷呢？于是，不少中国人不远万里地来到了大洋彼岸的圣弗朗西斯科。

据不完全统计，1849—1882 年这短短的 30 多年间，就有 60 万华人前来淘金。由于这里确实有金矿，来到这里的华人就形象地称这个地方为“金山”。

1851 年在澳大利亚的墨尔本也发现了金矿，为了避免与被称作“新金山”的墨尔本相混淆，在美国的金山前面加了一个“旧”字，这便有了流传至今的“旧金山”的称呼。

再接着说淘金热。旧金山发现黄金的消息，不仅吸引了中国人，来

◆ 1866 年旧金山淘金场景

自世界其他地区的淘金者也纷纷向加州涌来。旧金山地区 1847 年还只有 8000 多人口，短短两年内就激增了 10 多万人。

然而，这些从千里万里之外蜂拥而至的淘金者到了加利福尼亚之后，却发现现实与他们的想象差距太远了。实际上，能够在淘金热中发家致富的人实在是太少太少了。

那么，淘金热带来的财富又都被谁给赚走了呢？答案你可能都想象不到。除了极少数的暴发户外，淘金热带来的财富大多数被为淘金者提供服务的商人赚走了。

在这些商人中，有的卖水和烤肉，有的卖铁锹和滤沙金盘，还有的卖搭窝棚用的简单建材，又或者是卖鞋和衣裤。其中最具代表性的传奇人物叫作李维·施特劳斯。

如果说李维·施特劳斯这个名字对你来说还有些陌生，那么，你一定听说过大名鼎鼎的牛仔裤品牌——李维斯。没错，这个著名的品牌就是由李维·施特劳斯创立的。李维·施特劳斯于 1829 年出生在一个德国犹太人家庭，自幼聪明伶俐，有经商的天赋。1849 年，20 岁的施特劳斯怀揣着发财梦想来到了加州。

不承想眼前的景象让他大失所望。矿区只见黑压压的一片帐篷和人群，却根本见不到金子的踪影。在淘金者如潮水般涌入的情况下，这里根本就是狼多肉少、人多金少。施特劳斯明白了，在这里想要单纯地依靠双手淘金去发财致富根本就是天方夜谭。

◆ 李维斯牛仔服标签

然而，上帝在为你关上一扇门

◆ 金矿前身穿牛仔工装的矿工

的同时，可能还为你打开了另外一扇窗，犹太人天生善于经商的生意头脑又在刹那间让他发现了一个新商机。

施特劳斯发现，在矿区这片不毛之地上，淘金者们的淘金工具以及吃穿用度都极度依赖商贩。他就用从德国出发时带出来的钱财开了一家专卖淘金用具的杂货店。结果，他很快地赚了一笔钱，在当地站稳了脚跟。

然而，就在他想进一步扩大经营的时候，却出现了一次判断上的失误，在进货时购进了太多帆布，造成了货物积压，直接影响了资金的运转。施特劳斯满面愁容地看着仓库里积压的帆布，眉头紧锁，思考着摆脱困境的办法。

这时，恰好一群淘金者从他眼前走过，身上穿的棉布缝制的裤子都破烂不堪了。施特劳斯灵机一动：如果用结实耐磨的帆布代替柔软的棉布做裤子，一定会受到淘金者们的欢迎。他立刻用仓库里的帆布加工缝制出了一批样式新颖的裤子。结果，帆布裤一推向市场就大受欢迎，销量十分火爆，生意越做越大。

◆ 1999 年发行的邮票反映的淘金场景

1853 年，李维·施特劳斯以自己的名字命名成立了李维斯公司。公司生产出的帆布裤不仅受到淘金者的喜欢，而且成为西部牛仔的挚爱。后来，这种样式新颖的帆布裤，就被称为“牛仔裤”，并风靡全世界。令李维·施特劳斯始料不及的是，他没有因为淘金而致富，却因销售裤子而发财。李维斯牛仔裤成为世界知名的品牌。

这场由黄金引发的追逐财富的风潮，虽然最终只让很少的人真正实现了一夜暴富的梦想，但是它确实对近代美国的发展起到了至关重要的作用。

在这个时期，美国的工业得到了飞速的发展，特别是采矿业和冶炼业的工业水平有了很大的提高。美国建国之初只有靠近东海岸的部分领土，但是在这个时期，民众纷纷向西拓展自己的生存空间，促进了西部地区的开发。

淘金热吸引了来自全美甚至全球各地的淘金者，以及他们的子孙后代在这块土地上扎根生活，可以说不同民族、不同种族的淘金者正是美国作为一个移民国家发展壮大的缩影。

时光飞逝，如今的加州再也不见当年筚路蓝缕时的混乱，留下的只是一派繁华、风头无两的好莱坞与硅谷，引领着当代的文艺前沿和技术进步。19 世纪的淘金热为所谓的“美国梦”抹上了浓厚的金黄色彩。

（韩毅）

血流成河的葛底斯堡战役

美国取得独立以后，在这片土地上的战争并没有结束。美国的南方和北方简直就是两个世界。他们的经济发展模式不同，北方的资本主义工商业发达，而南方则依靠大庄园的种植经济。

北方不拥护奴隶制度，但是南方的种植业必须依靠奴隶。双方可以说是水火不容，最终南方想要独立出去，建立自己的国家，跟北方划疆而治，美国的南北战争爆发了。

◆ 美国军事家罗伯特·李

罗伯特·李是美国内战中南方军队的总司令，他也是一位出色的将军。在罗伯特·李的带领下，南方军队取得了很多战役的胜利。

1863 年 6 月，李将军决定向宾夕

法尼亚州中部的葛底斯堡进军。葛底斯堡并不是一个军事要塞，但却是一个通往各处的道路枢纽。南方军夺取了葛底斯堡，一来可以帮助被围困在密西西比河东侧的守军脱困，二来可以威胁费城、巴尔的摩以及华盛顿特区，进而李将军想通过这次胜利迫使北方承认南方的独立地位。

但是让李将军没有想到的是，这次战争一打就是三天三夜，成为美国历史上规模最大、伤亡最严重的一次战斗。

葛底斯堡易守难攻，它南面立着几座山脉，由西向东分别是学堂岭、公墓岭和卡普尔山，这些山岭都是天然的保护屏障。此时驻守在葛底斯堡的北方军队人数有 1.8 万人，而南方大军则有 2.5 万人。

林肯已经派了援军前去葛底斯堡支持北方军队。当李将军听说北方的援军即将抵达的时候，他决定在援军到来之前抢占先机，尽快进攻葛底斯堡，并且连夜做好了战略部署。守城的北方将领汉考克深知守住葛底斯堡的重要性，他要做的就是依靠地形优势，发挥出手中兵力最大的战斗力，在援军到来之前顶住李将军的狂轰滥炸。

汉考克先是派出骑兵隐藏在路边，等南方的先锋队到来时进行突袭，以此来拖延南方军队的进攻。虽然南方军的进程的确放缓了，不过依然没能阻止他们把战线向前推进。

随后，南方军分别从西部、北部和西北方向同时进攻葛底斯堡。由于城内北方军力量不足，南方军很快在葛底斯堡外部形成半圆形的包围圈。北方守军坚持做最后的抵抗，很快被南方军击破了右翼，眼见南方军就要攻入城内了。这时，李将军认为必须先抢占高地，才可以成功抵抗即将到达的援军。

于是，他又将军队分成两队，一队前往布罗瑟高地，一队前往公墓岭高地。负责攻打布罗瑟高地的分队还算成功，他们轻而易举占领了高地，

◆ 葛底斯堡战役场面

并且切断了其与葛底斯堡的一切联系，俘获了所有的北方军。

但是公墓岭地区的战斗就不那么顺利了。任凭南方的尤厄尔将军怎么进攻，都被北方军队顽强地抵抗住了。而公墓岭的地理位置十分重要，它在葛底斯堡的正南方，是钳制北方援军和葛底斯堡之间联系的咽喉之处。

第一天的交手，南方军略占上风，但是并没有利用人数优势取得理想的战果，这给以后的行动带来了很大不便。葛底斯堡的守军趁机加固公墓岭四周的防守，预备抵御南方军第二天的进攻。

7 月 2 日，李将军收到北方援军进驻葛底斯堡的消息，他预感到一场硬仗就要打响。此时，北方军已经依山建立了自己的防御线，左翼驻守学堂岭旁支的小圆岭，中间大军坚守公墓岭，右翼军驻扎卡普尔山。

经过昨天的进攻，李将军不仅没有吸取教训，反而自信地认为如果要瓦解北方军的守卫，必须继续昨天未完成的任务——夺取公墓岭，以分化北方军左右两翼。因此他又派军队正面进攻公墓岭，但没想到，援军到来之后公墓岭的防御更加坚固了。

被派去攻打公墓岭的朗斯特里特并不赞同李将军要正面进攻的观点。他认为己方已经包围了对方的军营，所以不需要猛烈进攻，可以采取拖延或缩小包围圈的方法让对方投降。尤其不应该过早进行大规模的火力交锋，在对方士气最旺、兵力最集中的时候直接攻打对方正面。

可是在李将军的坚持下，朗斯特里特还是带兵出击了。不过他根本不听从李将军的指挥，只是放出进攻公墓岭的假消息，实际上带兵冲向公墓岭之后的小圆岭，这里也是一处制高点，可以给北方军的左翼造成威胁。

没想到，朗斯特里特的假消息并没有奏效，当他抵达小圆岭的时候，这里的守军已经做好了积极应战的准备。激战在麦田、桃园、小圆岭接连开火，朗斯特里特的军队面临四面受挫的境况。北方军的守卫以小圆岭最为坚固，南方军先是坚守山脚，断绝北方军的一切救援，然后一拨又一拨的军队冲向山顶的制高点。这里的守军只有不到 400 名，即使在这样的情况下，他们也一直坚守到夜晚，没有丧失小圆岭高地，反而俘虏了很多南方军士兵。

李将军收到朗斯特里特失败的消息时已经黄昏了，他来不及派兵支援，只能派尤厄尔将军向北方军右翼出兵，企图钳制北方军右翼的兵力，给朗斯特里特留下一丝喘息的时机。由于北方军一直在加固防御系统，加之援军的抵达导致尤厄尔的进攻非常困难。

入夜后，北方军分派军队扼守高地四周的要点，南方军长达数小时的进攻没有任何突破。为了保存兵力进行第三日的进攻，李将军连夜召回了深入北方军左右两翼的部队。从南方军的角度来看，第二日的进攻战似乎没有丝毫进展。李将军的指挥完全没有章法可言，南方军只剩下急躁将领和不听指挥的手下。

◆ 美国总统林肯发表葛底斯堡演讲

7 月 3 日，战争进入白热化阶段，固执的李将军仍然把进攻重点放在北方军中线的公墓岭，这和北方军的估计一样。但是北方军并没有集中兵力在中间，依然把左右两翼的军队安扎在山岭上，呈一根鱼钩状，既没有给敌人提供进攻的缺口，也便于相互支援。

李将军本来被人称为“最绅士的将军”，但这一次却非常急功近利。他命令朗斯特里特继续进攻公墓岭，这一次朗斯特里特无法推诿，他按照李将军的指示，集中火力对公墓岭的守军进行了长达两个小时的轰炸。

对此，公墓岭的北方军选择退避在战壕里，没有正面反击。南方军似乎要进行一场破釜沉舟的战斗，他们把所有的火力都集中在这里，但是第一轮轰炸没有打破北方军的战线，反而暴露了自己的战略目标。之后，南方军先锋皮克特主动请缨出击，率领一支骑兵冲向北方军的阵营。

◆ 美国内战时的凯皮帽子和雷明顿枪支复制品

之前，北方军没有迎战南方军的轰炸，打算把炮火留在与南方军近距离交锋时才使用，皮克特这次带军冲来正好符合他们的心意。这支南方军先锋队已经没有了火炮的掩护，北方军的炮火则接连从战壕和炮塔内射出，全部落在皮克特的部队里。

皮克特的队伍伤亡十分惨重，约 85% 的将士牺牲在公墓岭山脚下。当时炮火连天，流弹四射，冲锋士兵接二连三地倒下了，后面的士兵只能策马跨过队友的尸体前进。当李将军看到皮克特先锋队沿途倒下的尸体时，他才真正意识到自己决策的失误，只能哀伤地说一句：兄弟们，你们全是伟大的烈士，这一切都是我的错。

皮克特这次冲锋是南方军在第 3 日的第一场败仗。另一场发生在斯图尔特将军进攻小园岭的战场上。他本来已经接近成功，但是北方军后续救援兵及时赶到，他也同样经历了一场惨烈的失败。

7 月 4 日，两军继续在战场上对峙，北方军的势力明显压倒南方军，就在这时，大家都收到南方军在维克斯堡战败的消息，李将军不得不转攻为守。其实，北方军可以趁此机会消灭南方军的全部力量，但是他们非常谨慎，就在南方军陆续撤退的时候，也没有发动进攻，这是北方军在这场战役中留下的唯一遗憾。

葛底斯堡战役结束后，南方军阵亡近 3 万人，北方军也有 2 万多人献出了生命。战场上全是死者的尸体，经过一天的大雨和接连几日的暴晒后发出阵阵尸臭，几公里外都可以闻到。对于南北两军来说，这是一场两败俱伤的战役。

但是南方军在 4 天内同时经历了两场败仗，几乎丧失了所有战争的主动权，北方军统一全国成为指日可待的事情。

（胡晔）

林肯修正案：从侵略战争到废奴战争的转变

今天每一个文明人都会同意，人与人之间本质上是平等的，每个人都享有不受他人奴役的自由。

不仅人与人之间是平等的，一些动物保护主义者还宣称，你家里的喵星人、汪星人与作为铲屎官的你，彼此之间也是平等的。极端环保主义者甚至认为，一朵花，一棵树，与人类相比，并没有高下之分，人类没有资格以万物之灵自居，无条件地向自然界索取。

这种平等的理念，在原始的“大同社会”就存在，但随着贫富分化、阶级出现而消失。

因此，我们必须承认，人类社会的文明程度，绝不是一开始就像今天这样发达的。人类的道德观念，经历了一个漫长的发展阶段，古代人曾经在很长一段时间里，表现得十分野蛮。

那时候，我们公开奴役同类，把其他人变成自己的奴隶，心中并不会为此感到半点愧疚。

雅典人可以不顾眼前的苟且，兴致勃勃地追求诗和远方。那是因为，他们家里的奴隶正为他们耕田、做饭、洗衣服。斯巴达人可以一心一意地锻炼身体、磨炼武艺，那是因为，他们把人口数倍于自己的邻国人民变成了所谓的“黑劳士”，也就是属于斯巴达政府的国有奴隶。

罗马人的霸业，是建立在奴役其他民族的基础之上的。罗马的奴隶主，习惯穿着昂贵的中国丝绸去斗兽场，观看奴隶与奴隶之间搏斗，观看奴隶与野兽搏斗，在奴隶被杀死的那一刻，报以优雅的掌声。

中世纪，阿拉伯帝国从欧洲、亚洲、非洲源源不断地捕获和购买奴隶，许多东欧的白人、东非的黑人，被运往帝国境内为奴。公元 869 年，被贩运到两河流域，从事开矿等重体力劳动的黑奴，勇敢地发动起义，差一点打下了阿拉伯帝国的首都巴格达。

15 世纪，新航路开辟后，为了给美洲的种植园补充劳动力，欧洲人把数以千万计的非洲黑人，运往美洲各地，强迫他们种植可可、烟草、蔗糖。在连接欧洲、非洲、美洲的大西洋三角贸易中，黑人是从非洲到美洲这条商路上的重要商品。

美国的独立曾经伴随着对于民主和自由的真切呼唤。在 1776 年问世的《独立宣言》中，美国的国父们坚定地宣布：

“我们认为这些真理是不言而喻的：人人生而平等，造物者赋予他们若干不可剥夺的权利，其中包括生命权、自由权和追求幸福的权利。”

然而，《独立宣言》中的“人”，并不是今天我们理解的所有人。事实上，当时美国境内为数众多的黑奴，并不在“人”的范围之内。

黑奴是美国南方种植园主的私有财产，他们像衣服、食物、火枪、马匹一样，是种植园主花钱买来的商品，种植园主可以按照自己的意愿，任意处置他们，把他们作为礼物送给朋友，或是当作遗产交给儿女。心情不好的时候，种植园主还可以拿起鞭子，狠狠地抽打黑奴，即便把他们打死，也不会有警察过问。

鼎鼎大名的美国第三任总统杰斐逊，是《独立宣言》的起草人，在中小学课本里，他与砍樱桃树的华盛顿、放风筝捕捉闪电的富兰克林（这两个故事很可能是虚构的）一道，合称为“美利坚开国三杰”。但现实中，他本人与华盛顿一样，是一名富有的大种植园主，名下拥有众多黑奴。多数历史学家相信，杰斐逊爱上了自己女儿的黑人保姆，为此还留下了混血儿的后代。

不过，早在美国立国之初，国父们确实就已经重视奴隶制的问题了。晚年的杰斐逊，不知是不是出于对爱人的同情，一直为了限制和废除奴隶制而奔走。

到了 19 世纪中叶，废除奴隶制的呼声在美国越来越高。更重要的是，是否废除奴隶制，与美国的未来联系在了一起。

当时的美国，在经济上分成了南北两派。

南方以农业为主，依靠辽阔、温暖的土地资源，大力发展棉花种植业。大家知道，第一次工业革命中，英国人发明了珍妮纺纱机，从此世界上有了大规模的织布厂。但是光有机器显然不行，还需要有原材料，也就是棉花。美国南方就是当时世界上最重要的棉花出产地。

谁来种棉花呢，自然不可能是高贵的白人种植园主。于是，吃苦耐劳、当牛做马的黑奴，就成了南方种植园的劳动力。到 19 世纪中叶，美国境内已经有 500 万之多的黑奴，他们中的大部分，可能有 400 万都生活在南方。黑奴和棉花，一黑一白，成了美国南方经济得以运转的两条命脉。

与热衷农业的南方不同，美国北方很早以前就走上了发展制造业的工业道路，大批移民美国的欧洲工人，带来了第一次工业革命的先进技术。到 1860 年，美国北方的工业已经从无到有发展很快，总产值高居全世界的第四位。

这种情况下，南北方因为经济理念的巨大差异，矛盾愈演愈烈，眼看就要把一个统一的美国，撕裂成两半了。

双方争论的焦点，是两个问题。

一是黑人劳动力问题。当时的美国敞开国门，欢迎世界各地的移民，但由于北方的工业发展太快，劳动力还是极为不足。对于南方种植园里摘棉花的黑奴，北方的工厂主越看越眼红，巴不得把他们全都变成自己工厂里的工人。

二是关税政策问题。每个国家都会对进入本国市场的外国商品征收关税。一般来说，平等贸易的双方，对彼此商品征收的关税税率，是大体一致的，你收多高，我就收多高。

当时的美国北方各州与率先完成工业革命的欧洲国家，为了争夺商品市场，展开了激烈竞争。北方的工厂主迫切希望国家对欧洲的进口商品征收高额关税，以独占本国市场。

不过，如果美国对欧洲来的商品征收高额关税，可想而知，欧洲出于报复，也一定会对出口到欧洲的美国商品，同样征收高额关税。而南方的种植园主就指着把棉花卖给欧洲的纺织工厂，从中谋取利润呢，他们当然要反对收取高额关税的政策。

南方首先把希望寄托在了新一轮的美国总统选举上。

不料，1860 年年底，代表北方工厂主利益、反对奴隶制的林肯当选为新一任美国总统。

◆ 美国第十六任总统亚伯拉罕 · 林肯

事已至此，南方的种植园主知道想要维护本方的利益，走政治途径已经行不通了，他们决定走另一条路，用武力来解决问题。

1861 年 2 月，距离林肯当选总统还不到 3 个月，南方的 7 个州宣布，退出美利坚合众国，另组“美利坚联盟国”，又称南方邦联，定都里士满。

一夜之间，美国一分为二。

一场被称为“南北战争”的内战打响了。这是美国历史上伤亡最惨重的一场战争。4 年下来，阵亡士兵高达 62 万人。要知道，1860 年，美国人口总共不过 3100 万，这个伤亡数字，超过了后来美国参加历次战争的伤亡总和。

虽然南北战争打响的根本原因是黑奴，以及使用黑奴的种植园问题。但是内战爆发之初，双方争论的焦点，并不在于是否应废除奴隶制，而在于一个有关宪法条文的争议之处。

那就是，南方各州是否有权退出联邦，独立建国。

美国宪法颁布于 1789 年，直到今天 200 多年间，这部宪法从没有被修改过。一方面这得益于美国国父们的聪明和谨慎。当年为了商谈宪法，国父们齐聚费城、唇枪舌剑，竟然开了将近 4 个月的会；另一方面，也是因为这部宪法的正文，只涵盖了一些涉及国家构想的基本概念，如人民主权、三权分立、共和制度等，对于具体问题，大都语焉不详。

例如，宪法并没有明文规定，各州是否有权决定加入或者退出联邦。事实上，哪怕到今天，这仍旧是美国宪法学中一个容易引起争议

◆ 林肯总统的就职典礼

◆ 美国内战的战场画面

的焦点问题。

2017 年，特朗普就任美国总统后，加利福尼亚州的许多青年，在网络上相约，要策划加利福尼亚州的独立，以抵制特朗普执政。这放在许多国家是违反宪法、分裂国家的重罪，但是在美国，对于这种行为并没有明确的惩罚措施。

假如南方各州退出联邦，并不违背宪法。那也就意味着，北方各州以此为理由，进攻南方的行为，反而成了违反宪法的罪行。

更要命的是，因为南方军准备更充分，在战争之初占据了上风，林肯被迫于 1863 年签署《解放黑人奴隶宣言》，宣布叛乱各州的黑奴，从此享有自由。

《解放黑人奴隶宣言》立刻扭转了北方军的不利局面：大批黑奴为获

得自由，逃往北方；北方还因此赢得了支持废奴运动的世界各国的支持。此后，北方军节节胜利，1863年葛底斯堡战役结束后，南方一蹶不振。北方的胜利，已经不可逆转了。

看上去，对于北方，未来可谓一片光明。可是，林肯却看出了背后的隐忧。

所有美国人都知道，美国宪法的第五修正案，明确禁止剥夺公民的私有财产。在资本主义国家，私有财产是神圣不可侵犯的立国之基。

尽管大部分美国人都同意，奴隶制是不道德的。但是按照当时南方各州的法律，黑奴，的确是种植园主合法的私有财产。也就是说，《解放黑人奴隶宣言》其实是违背宪法、剥夺他人私有财产的犯罪行为。

我们可以总结一下，虽然说南方使用黑奴是不道德的，南方为了保护自己的奴隶制度和种植园经济，主动分裂国家，是一种不光彩的背叛。但归根结底，根据南方各州的法律，黑奴属于种植园主合法占有的私有财产，应当受到美国宪法的保护。南方各州主动退出联邦，也是没有被宪法所禁止的合法行为。

如此一来，即将赢得内战的北方，反倒站在了宪法的对立面，成了践踏宪法的侵略者。

这真是让人尴尬至极。但是在法律至上的美国，一切行动必须有法律条文作为支撑。摆在林肯面前的难题，便是如何改变北方已经违反宪法的事实。

在同时代的许多美国人眼里，刚上任的林肯是一个长着苦瓜脸的穷鬼。他瘦瘦高高，相貌丑陋，面容憔悴，行动迟缓，怎么看，都是一副倒霉相。可是在这个并不吸引眼球的头脑里，却隐藏着高超的政治智慧。林肯找到了一条将道德与利益结合起来的最佳道路。

◆ 林肯在华盛顿福特剧院被约翰 · 威尔克斯 · 布斯开枪刺杀

在林肯的一再敦促下，美国国会终于在1865年年初，赶在南北战争结束前，通过了著名的宪法第十三修正案。这条修正案振聋发聩地向世界宣布：美国将从此废除奴隶制和强迫劳役，除非是作为犯罪的惩罚。

这就是林肯的废奴法案。

这意味着，废除奴隶制被正式写入了美国宪法。由于宪法高于各州的法律，各州有关黑奴属于私人财产的规定，就因为违背宪法而失去了效力。

与此同时，北方对南方的进攻就不再是侵犯南方自由的罪行，而可以被解释为一场旨在废除奴隶制的合法战争。如此一来，不仅占据了道义上的制高点，还成了捍卫宪法的光荣之举。

从宪法第十三修正案颁布的那一刻起，南北战争的性质终于由一场北方主导的侵略战争，变为了北方发起的废奴战争。

从此以后，人们歌颂南北战争，认为林肯和他身后的北方军毫不妥协地保卫了美国的国家统一，废除了万恶的奴隶制度，打了一场光荣、高尚、正确的正义之战。

战后不久，林肯便被南方的激进分子刺杀。但是美国人没有忘记他，人们歌颂他的美德与功绩，将他与华盛顿、杰斐逊、西奥多·罗斯福一道，雕刻在了南达科他州的总统山上。每一年，都有数百万来自美国各州和全世界的游客前往参观，向林肯总统致以敬意。

只有历史学家才会记得，在南北战争爆发前，林肯曾经为了拉拢南方，避免国家分裂，公然许诺：

“我完全无意对蓄奴州的奴隶制，进行直接或间接的干涉。我相信，我没有那么做的权力，也没有那样做的打算。”

他还承认，即使要废除奴隶制，更可取的办法也不是让南方单方面承担废奴的损失，而是由政府出钱，买下全部奴隶，再把他们送到国外去。他信誓旦旦地保证，这需要几十年的时间，“在我的有生之年，奴隶制不会结束”。

后来，在对外宣传时，他干脆表示，如果要给我一个期限，我愿意是一百年。

这就是政治家，他必须懂得，如何把自己的道德理念与当前的客观形势需要结合起来。战争打响前，为了拉拢南方，他可以违背自己的道德理念，容忍奴隶制的存在；战争即将结束时，为了赋予北方的进攻以合法性，他又懂得重申久违的道德理念，把废奴的道义诉求上升为宪法的意志。

解放了黑奴的林肯，拥有一颗高尚的心灵。但仅仅只有高尚是不够的，他的伟大，还在于用理智、妥当的手段，出色地示范了如何让高尚之花在现实的土壤之上绽放。

（杨盛翔）

文明的故事

欧陆的整合

THE STORY of CIVILIZATION

东方还是西方：彼得大帝的西化改革

1697 年，荷兰的阿姆斯特丹港呈现出一片欣欣向荣的景象。偌大的港口中来自世界各地的船只进进出出，港口上装卸的货物琳琅满目。

在港湾的旁边有一个造船厂，并排停放着数艘正在建造中的船只。工人们则上上下下地忙碌，为完工船只的下水做准备。

之前我们提到过，在 17 世纪荷兰被誉为“海上马车夫”，它拥有当时世界上最大、最多的造船厂，掌握当时最先进的航海技术，在海上贸易过程中赚取了大量的财富，成为名副其实的暴发户。

最近这几天，造船厂的工人们除了干活外，还经常私下里聚在一起，议论着一件让他们感到有些奇怪的事情。

不久前，造船厂里突然出现了一些生面孔，他们个个身材高大，长着卷头发，生着蓝色的眼睛。据说，这些人来自遥远东方一个神秘国度——俄罗斯。然而，最让造船厂工人感到新奇、怪异的还是他们中一个叫彼得的下士军官。这个人气质高贵，长着一头浓密的黑发，身材极其高大。

令荷兰工人们感到奇怪的是，虽然这位彼得下士官位不高，但是似乎周围的所有俄罗斯人，不管是大贵族还是高级军官，都对他表示出了异常的恭敬与谦卑。

其实这个人，就是大名鼎鼎的沙皇彼得大帝。

那么万人之上的沙皇，怎么会身着普通的下士军装，匿名出现在荷兰的一个造船厂里呢？这还得让我们回到当时的俄罗斯去看个究竟。

17 世纪的世界是一个群雄争起、百舸争流的时代。随着大航海时代的到来和近代工业文明的萌发，欧洲列强在世界的舞台上轮番登场。

然而，位于欧洲大陆东方边缘的俄罗斯似乎依然处于黑暗之中。到 17 世纪下半期，俄罗斯仍然是一个落后的农业国。由于与瑞典之间爆发的数场战争均以失败告终，俄罗斯失去了波罗的海沿岸的全部出海口，只剩下了结冰期长达半年的北冰洋港口。这使得俄罗斯的大部分对外贸易都要通过瑞典占领的波罗的海沿岸城市，俄罗斯的贸易受到了严格的限制而无法大展拳脚。在工业上，俄罗斯内陆只拥有为数不多的几座制绳厂和船具厂，军队的火器几乎全都需要进口。

总之，这一时期的俄罗斯，无论在农业、贸易、工业、军事等各个方面都远远落后于西欧，被大多数欧洲强国看作“贫穷的家伙”。

我们故事的主角彼得大帝，就是在俄罗斯这种内忧外患的形势下成为沙皇的。1682 年，年仅 10 岁的彼得和他的另一位同父异母的兄弟一起继承了皇位，两人分别被称为彼得一世和伊凡五世。由于彼得年幼，伊凡痴呆，因此由姐姐索菲娅代为摄政。

1689 年，17 岁的彼得通过政变软禁了索菲娅公主。7 年后伊凡病死，彼得成了俄罗斯至高无上的唯一君主。

◆ 彼得大帝骑马雕像

彼得一世刚刚当上沙皇，就想要改变俄罗斯落后的现状，酝酿一场改革。他知道当时先进的技术与理念都在西方，想要强大要到西方去学习。彼得一世决定派遣一支规模庞大的使团前往西欧诸国进行访问。

1697 年，使团从莫斯科出发。彼得本人化名为彼得 · 米依洛夫，以下士身份随团出使。这样才有了前面我们说的，发生在荷兰造船厂里的故事。

在游历西欧的过程中，彼得不仅在阿姆斯特丹的造船厂亲自学习造船技术，在闲暇时间还经常参观当地的手工工场和博物馆。200 年后，励精图治的光绪皇帝也曾遥想彼得当年，非常想亲身去西洋学习以推动大清的改革。

除了亲自到西欧考察学习先进技术外，彼得大帝在俄国国内也进行了大刀阔斧的改革。改革是全方位的，涉及政治、经济、文化、军事等各个方面。

首先是改服饰。因为服饰代表了人的文化认同，彼得下令要求所有的大臣、官员和军人改穿西式服装。当时在俄罗斯贵族以留有长长的胡须为美。彼得从西方回国后，大剪刀一挥，剪掉了几名贵族的大胡须。为了推行改革，彼得采取前所未有的铁腕手段打击反对派，反对改革的势力推举太子为首，为此彼得甚至处死了自己的亲生儿子。

其次是改历法。废弃了俄国原有的旧历法，开始使用西欧通行的格里高利历，在时间上和西方接轨。

再次是改军制。俄国受蒙古金帐汗国统治很久，军队的编制都是蒙古样式的。彼得大帝回国后用西欧的军制代替了落后的蒙古式军制。

更重要的是发展工业。他鼓励发展民族工业以满足国内经济发展和建设军队的需求。在国家的支持下，俄罗斯的民族工业如雨后春笋般发展起来。

在改革过程中，彼得大帝还做了一件对俄罗斯未来发展产生了深远影响的事情。大家都知道俄罗斯太冷了，境内没有一个全年不冻的港口，为了改变这个现实，他耗费了大量人力、物力在交通便利的地方建立了新的首都圣彼得堡，并开通了连接涅瓦河和伏尔加河的运河。

从此，圣彼得堡成为俄罗斯北方连接欧洲的重要门户，它与俄罗斯国内最为重要的两个水系紧密地结合起来，在俄罗斯的对外贸易中发挥了举足轻重的作用。

彼得一世的改革使俄国变得强大起来，但这并不是一个简单的落后挨打、富国强兵的故事，这次改革给了俄国一个新的选择，但也给它埋下了

◆ 圣彼得堡最古老的景观

某种隐患。

为什么这么说呢?

在十七八世纪，海外殖民扩张和工业革命让以英国为代表的老牌强国走在图强图霸的路上，有成为世界中心的趋势。其他国家想要不被落下，就要向他们学习。可以说这个时候，学习西方是通往成功的唯一途径，所谓改革就是西欧化。

但俄国又是一个极其特殊的国家，它地处东欧，这里是被传统欧洲边缘化的板块，即使早在莫斯科公国时期，它就有心想与西欧国家一起玩耍，奈何人家压根瞧不上这落后的穷朋友，甚至连天主教教会都歧视他们。

既然天主教没戏，那就再看看东正教。虽说东正教是遭了大难，但它高贵的血统还在啊，基督教嫡系的身份是改变不了的。拜占庭帝国已灭，东正教最大的靠山已倒，俄罗斯接纳东正教后，就有可能取得东正教的主导权，还能顺道继承拜占庭帝国的政治遗产。这种一石二鸟的事情，莫斯

◆ 俄罗斯圣彼得堡教堂

科大公做梦也会笑醒的。

于是打着如意算盘的莫斯科大公伊凡三世迎娶了拜占庭帝国末代君主的女儿索菲娅公主，抱得美人归，还顺带将莫斯科公国变成了拜占庭继承者。在这种背景下，“弥赛亚”这种宗教概念在俄罗斯民族当中成为主旋律。

所谓“弥赛亚意识”，主要是指俄罗斯民族就是那个神选民族，因此只有俄罗斯民族才拥有真正的神，也只有俄罗斯民族才有资格替天行道，拯救世界。所以在相当长的一段时间里，俄罗斯人认为俄国本身就是世界的特立独行者，从内到外都自成体系。

而彼得一世向西方学习的改革，恰恰是对这种根植于全民族内心的意识发起了严峻的挑战。

◆ 叶卡捷琳娜宫里的彼得大帝铜像

因此，彼得大帝在 18 世纪初推行的改革，既促使了俄罗斯民族的自我觉醒，却也导致了民族社会的分裂。一个国家分化出两个拥有完全不同的价值观和理想的社会。这也不可避免地将选择道路问题摆在国家面前。

了解了这一点，你再来看彼得一世在改革中的种种举措，比如剪掉贵族的胡子，不惜处死参与叛乱的亲生儿子等，才能有更深的理解。它并不是简单的进步和落后之间的对立，而是不同地域所孕育出来的文化和发展道路之间的根本矛盾。

所以，到底是往东方走还是往西方走，是摆在俄罗斯人面前的一个难题。从全球史的角度来看，俄国人在这个问题上的困惑、矛盾与反复，对西方体系到底是接纳还是抗拒，成为贯穿之后数百年历史的主旋律。

（韩毅）

西伯利亚与阿拉斯加：俄罗斯领土扩张史上的得与失

俄罗斯是当今世界上领土面积最大的国家，国土面积差不多相当于两个中国那么大。但是，你可能不知道，把时间向前只推300多年，在17世纪中叶的时候，俄罗斯仅仅是一个连出海口都没有的内陆小国。短短的300多年，俄罗斯怎么如此快速地变成了国土如此广大的国家呢？

你只要随便翻检一下17世纪以来的俄国历史，就会很容易地找到答案——它那幅员辽阔的领土都是靠持续不断、明目张胆的对外扩张抢来的。

今天的故事，就来讲一讲俄罗斯领土扩张史上的“一得”和“一失”。

这“一得”指的是俄罗斯以极小的代价征服和吞并了地域广大且资源丰富的西伯利亚，在领土扩张上占到了一个大大的便宜。

西伯利亚是一片极其广袤辽阔的土地，它位于亚洲的最北部，西起欧亚两大洲分界线的乌拉尔山脉，向东一直到欧亚大陆的尽头——太平洋，北面是浮满冰山的北冰洋，南面连着蒙古、外兴安岭，总面积约1300万

◆ 西伯利亚高原景象

平方千米，几乎相当于两个大洋洲的面积。虽然西伯利亚大部分土地处于严寒地带，一年大部分时间被冰雪覆盖，人烟稀少，但是却蕴藏着巨大的资源，它是一块少见的富饶之地。

那么，俄国人花了多长时间完成了对这么一大片土地的征服呢？说来你可能都不相信，只用了短短的 58 年！要知道，美国建国后向西部扩张领土，获得的面积比西伯利亚小得多，却用了 100 多年的时间。

那么，征服如此广大的西伯利亚地区，俄罗斯又使用了多少军队呢？说出来更让人瞠目结舌，一共 840 人！

当然，俄罗斯能用这么短的时间、这么少的军队，征服这么大面积的西伯利亚，并不是因为当时的俄国有多么强大。主要的原因还是西伯利亚地区广袤而寒冷，人烟稀少，而且多为原始的土著居民，并没有建立强大的国家，也没有强大的军事力量与俄罗斯征服者相抗衡。所有这些因素，使俄罗斯对西伯利亚的征服真是如履平地、手到擒来，仿佛是弯腰就捡到了天上掉下来的一个大馅饼！

俄国对西伯利亚的扩张是从 16 世纪下半期开始的，此时的中国还处在明朝末年。1581 年 9 月 10 日，在经过了周密的策划和准备后，一支由沙皇招募的、由 840 名哥萨克人组成的队伍，在首领叶尔马克的率领下，踏上了征服西伯利亚的征程。

这支沙俄军队翻过了乌拉尔山，沿着西伯利亚的几条河流不断地向前推进。这时西伯利亚大地上存在一个由蒙古人建立的西伯利亚汗国，他们对俄军的入侵进行了顽强的抵抗。但是，这个时代的俄国军队手中已经大量装备火枪等先进的武器装备，西伯利亚汗国的蒙古人的武器却还停留在他们的祖先成吉思汗征服欧亚大陆的时代，弓箭、弯刀当然很难与火枪对抗。

另外，西伯利亚汗国内部没有形成统一的指挥，分散在各地的力量被俄军各个击破。所以这一小股俄国哥萨克骑兵一路势如破竹，仅仅用了一年的时间，就攻占了西伯利亚汗国的首都。1598 年，汗王库楚姆汗被害，西伯利亚汗国灭亡。

沙俄征服西伯利亚汗国以后，又兵分南北两路，继续向东侵略扩张，并于 1639 年推进到鄂霍次克海沿岸，抵达了太平洋西岸。这样，从 1581 年到 1639 年的短短 58 年间，俄国侵略者完成了对整个西伯利亚的征服，将自己的势力从乌拉尔山一直拓展到了遥远的太平洋海岸！

我们描述了西伯利亚辽阔的国土，可实际上当年沙俄对西伯利亚扩张的主要动力，还真的不是对这片土地的需求，而是追逐这片土地上生活着的动物的皮毛。

面对欧洲贵族富人的皮毛贸易一直有着高额的利润。在当时，一张品质较好的西伯利亚紫貂皮的价钱，竟然可以买到 50 亩肥沃良田。西伯利

◆ 俄罗斯萨列哈尔德举行驯鹿饲养者日庆典

亚森林密布，遍布熊、狼、麋鹿、貂、狐狸、水獭等各种动物，沿海地区更是盛产海豹、海狗、海象等珍稀海兽。于是，大批的俄国猎手、皮毛商人，紧跟着军队和武装征服者的脚步，前赴后继地涌向了西伯利亚。随着对西伯利亚地区的征服，俄罗斯与西方的毛皮贸易异常繁荣，皮货成为俄罗斯 17 世纪出口的最重要产品，给她带来了极其丰厚的利润。

然而，历史的发展总是曲折起伏的，也经常会给你带来意想不到甚至是戏剧性的结果。就在俄国人美滋滋地品味着西伯利亚这块“大馅饼”的时候，接下来发生的历史一幕，却让他们感到损失惨重、追悔莫及了！

俄国人占领西伯利亚后，对野生动物进行了疯狂的猎杀和捕获，导致野生动物数量减少，皮毛产量随之下降。于是，俄罗斯人又开始了新一轮的扩张。这次，他们把目光盯向了海峡对面的美洲大陆。

从 1725 年到 1742 年，有个在俄国军队任职的丹麦人叫维塔斯·白令，他在彼得大帝和继任沙皇的命令下，带领船队多次对西伯利亚沿岸进行探险考察。1742 年，他沿西伯利亚北部航线穿越了亚洲大陆与北美洲大陆之间的海峡后，抵达了阿拉斯加的南部，并在那里发现了阿留申群岛。后来，这片海域以他的名字命名为“白令海”，而位于亚洲大陆与北美洲大陆之间的海峡，也被命名为“白令海峡”。

在这之后，经过近一个世纪的殖民开发，俄罗斯在北美洲建立了一个以阿拉斯加为中心的面积为 150 万平方千米的殖民地。这片广袤的土地被通称为俄属北美。

虽然阿拉斯加沿海的海兽为俄国商人提供了新的皮货资源，但是，沙皇政府对占领开发俄属北美的兴趣却并没有维持多久。原因大概有三个：第一个原因是沙皇俄国是一个君主专制的封建国家，习惯于掠夺式的殖民，对于在阿拉斯加以及北美的广大地区进行深入开发则不太感兴趣；第二个原因是在 19 世纪中期沙俄扩张的重心逐渐转移到了远东地区，俄属北美在俄罗斯心中的地位就迅速下降了；第三个原因，就是俄罗斯在与美、英的殖民竞争中处于下风，越来越感到力不从心。

1853 年俄国与英法两国为争夺小亚细亚的权力而在黑海沿岸的克里米亚爆发战争，俄国损失惨重。其后，英国也逐渐盯上了俄属北美这块肉，俄罗斯自觉难以与大英帝国一较高下，只有屈从现实，将阿拉斯加出售给英国的敌人美国。这样可以防止英国从加拿大派兵夺取阿拉斯加殖民地，还能够在经济上得到一笔补偿。

而此时的美国也十分热衷于领土扩张，乐于接手这片土地。于是，1867 年 3 月 30 日，在经过三轮谈判后，俄美双方达成了以 720 万美元的价格转让阿拉斯加的协议，平均每平方千米的单价仅为 4.74 美元。

今天看来，这对美国是多么划算的一笔交易啊！然而，当时有很多美

◆ 阿拉斯加半岛风光

国人却认为购买这么一块荒芜之地并不值得。

《纽约世界》报认为，“这片土地是一个被吸干的橙子，那里除了濒临灭绝的产毛皮的动物以外一无所有。除非能够发现黄金，不然这里只是冰冻的荒野。”美国人根据负责此次购地案的美国国务卿威廉·西华德的姓名，将此笔交易戏称为“西华德的蠢事”，还将寒冷的阿拉斯加称为“西华德的冰箱”。不过，西华德本人对此倒是不以为然，他留下了一句意味深长的话：“现在我把它买下来，也许多少年以后，我们的子孙就会因为买到这块地而有所收益。”

历史证明了西华德国务卿的预言。后来发现，阿拉斯加拥有丰富的黄金、铜、石油、天然气以及渔业资源。据估计，阿拉斯加地下埋藏了5.7万亿立方米的天然气和300亿桶原油！

阿拉斯加还具有重要的军事战略意义，美国在这里部署了最大的弹道

◆ 西华德画像

导弹防御基地和雷达预警设施。俄罗斯等于把一块丰硕无比的大蛋糕以极低的价格拱手让给了美国，这笔交易成为美国历史上最划算、俄国历史上最吃亏的一笔土地买卖。

对于俄罗斯来说，如果说征服西伯利亚是其对外扩张历史上的一大“得”，那么，把阿拉斯加廉价卖给美国，则是令其后代追悔莫及的一大“失”！

（韩毅）

『我们要自由与平等』：法国大革命

法国国歌是《马赛曲》。1789年的7月14日巴黎民众攻克巴士底狱，这一天后来变成了法国的国庆日，而马赛民众向巴黎进军所唱的进行曲，成为法国的国歌。

◆ 印有《马赛曲》的歌片

当我们提到中国乾隆年间或日本德川幕府时期，会觉得那是在很远的古代，但提到同时期的法国大革命，我们却会感到离现代很近，其实这都是同一时期的事情。大家之所以有这个错觉，可能是因为1789年爆发的这场大革命推翻了法国君主制，它所宣扬的自由、平等和博爱的口号，席卷了整个欧洲大地，并且影响了现代世界历史。

可以说，不了解法国大革命，我们就无法了解现代世界历史。所以在讲到世界近现代历史的时候，法国大革命是完全避不开的存在。

那我们就来看看这场影响世界的革命到底是怎么发生的吧。

18 世纪下半叶的法国实际上正处在经济增长的时期，尽管七年战争以及王朝的奢华导致债务危机，民众负担加重，但与其他邻国相比，普通家庭的生活并不算很差，甚至比法国较早时期还要好。

然而，1788 年法国不断发生各种自然灾害，造成大量土地收成全无，同年冬天的严寒又使得面包价格飞涨。根据资料统计，1788 年普通家庭在面包上的支出占到了家庭收入的一半，1789 年甚至达到 80%。农民的收入无法养家糊口，失业人数越来越多，贫困成了最大的问题。国家又对外战争不断，投入大量的金钱。财政状况捉襟见肘。

而国王路易十六只关心自己的兴趣爱好，他有个绰号叫“锁匠国王”，他整天研究锁技，可以将锁头打造成精美的艺术品，但是在管理国家上就不怎么在行了。他的王后玛丽，更是挥霍无度、纸醉金迷。

当然路易十六也不是一点事情不做，他也曾想过进行改革，先后起用了四位财政总监，但是都没有办法改变法国糟糕的财务状况。1789 年 5 月 5 日，路易十六为了解决国家的财政难题，在凡尔赛宫重新召开了已经停开 100 多年的三级会议。

所谓的三级会议就是把当时的法国人分为三个等级：第一等级是教士；第二等级是王室贵族；第三等级中有新兴资产阶级、地主、工厂主和小手工业者等。第三等级虽然等级最低，但是他们占法国人口的绝大多数。三级会议召开之前，法国各界对改革的呼声已经十分强烈了，第三等级的代表们都是带着改革的愿望参加会议的。

◆ 路易十六在国民大会上

但是会议召开之后，他们失望了。统治阶层只是说因为财政困难，想要增加税收，并且这个税收只是针对第三等级收取，而对民间呼吁的政治改革避而不谈。结果可想而知，针锋相对的形势引发了激烈争执。恼羞成怒的路易十六下令停止召开三级会议，并且不允许民间再私自召开任何民主会议。

第三等级接着宣布他们代表全体国民组成国民议会，国民议会转移到了郊区的网球场举行，代表资产阶级和自由派的人士达成了一致协议，当前的任务是必须推翻国王的统治，只有夺得统治权才能有新的出路。他们在网球场庄严地宣誓：

“制定不出法兰西宪法，这个议会绝不解散！”

◆ 三级会议开会时的情景

18 世纪是启蒙运动蓬勃发展的时代，法国启蒙思想家们高举理性的火炬，认为一切都应当在理性的法庭上接受审判，宗教、伦理、艺术等人类生活必须建立在理性的基础上。他们在著述中提出天赋人权、君主立宪、三权分立、主权在民等观念，批判的矛头直指封建专制和天主教会。

法国大革命爆发前，启蒙思想家们的主张就已经深入人心，就连许多贵族都以高谈启蒙为荣。受此影响，法国的知识分子、新兴资产阶级们已经意识到，每个人都可以捍卫自己的财产、权利和自由。

他们努力将这样的思想在市民中传播，让市民意识到自由和平等的重要性，如果这些国王不能给予，那么市民可以用武力的方式争取自己的

◆ 巴黎人民攻占巴士底狱

权利。

国民议会的召开让路易十六十分担忧。他表面上对国民议会表示认可，实际上与顽固派贵族暗中商议，秘密调来了外地的雇佣军队，打算用武力扼杀国民议会。

此时的巴黎大街小巷中，报纸和传单报道着最新的消息，街头巷尾对时局议论纷纷，到处是对时政的演说以及读报纸的人群。

不过，人们发现巴黎城中聚集了越来越多荷枪实弹的军人，并且紧紧盯着自己。巴黎市民们愤怒地举起反抗的大旗，这次他们没有进行示威游行，而是要真正地拿起武器与政府对抗。

市民们走出了家门，拿着铁棒和菜刀，首先攻破了城内武装队的大门，搬出各式各样的武器，年轻人手持枪支与镇压的士兵对抗。这样人民与国王的对立从争夺政治权利转移到了军事武装对峙的阶段。巴黎的驻军很多也被市民的革命热情感染，他们不想再与市民对峙了，拒绝执行向市民开枪的命令，而且大多数士兵早就不满政府的压制，他们也加入到了革命的队伍中。

巴黎到处都是呼喊着口号的市民。有人呐喊：“我们应该要夺回属于自己的权利，每个人在上帝面前都是平等的！”

在这样的召唤下，街上的人都跟着大喊：“我们要自由和平等！我们要自由和平等！”

有了士兵们的帮助，市民很快攻破了城内多处重要的建筑，占领了大部分城区。他们还计划向王宫进军，把国王和王后拉到街上去。

这样的行动让路易十六十分慌张，他急忙调来国王近卫军，让骑着高头大马的士兵们端着枪集结在王宫前面，不让百姓们前进。

一连五天的起义活动让巴黎城内的很多地方都插上了起义军的大旗，最后只剩下巴士底狱还在国王军队的手里。

“到巴士底狱去！”

起义队伍中再次响起了振奋人心的呐喊。人们不约而同地从四面八方涌到巴黎最后一座封建堡垒。

巴士底狱曾是巴黎人心中不可侵犯的权威建筑。在百年战争时期，查理五世在巴黎城外修筑巴士底城堡用来抵御英军。战争结束后，它仍然是一座重要的军事要塞。

后来随着巴黎城的扩建，这座堡垒也被巴黎囊括。因为修建得牢不可破，不再发挥军事作用的巴士底城堡被法王改造成了监狱，专门关押政治犯。对法国人来说，巴士底狱象征着王室特权。

14 日清晨，武装的民团和士兵团将巴士底狱紧紧围住。一个年轻人

DÉCLARATION
DES DROITS DE L'HOMME
PRÉAMBULE
AUX REPRESENTANS DU PEUPLE FRANCOIS

◆《人权宣言》

率先喊起了口号："打破国家监狱！我们要建立自己的法律！"

紧接着所有人都发出"建立人民法律"的呼喊。市民拿着武器如潮涌般围住监狱。经过激烈的战斗，守军投降，巴士底狱被攻陷。

当大臣们向国王报告巴黎的情况时，路易十六惊讶地问："这是一场叛乱吗？"

大臣回答："不，陛下，这是一场革命。"

从这时候开始，革命的浪潮很快就波及法国全境。这一年，新成立的制宪议会颁布了闻名世界的《人权宣言》，全世界都听到了"人生来而且始终是自由平等的"呐喊。

然而革命一旦发生，就很容易失控，不会在某个时间点停下来。实际上，大革命的每一个事件都不是在人们意料之中的，越来越多的城市工人、妇女和农民也参与进来，他们的激进诉求甚至使最初的革命发起者感到震惊。法国社会长期以来等级森严，各等级之间的利益诉求完全不一样。革命开始后，各等级人民都在"自由平等"这一伟大但空洞的理念下提出五花八门的政治主张，这让法国的政局陷入空前的动荡之中。

因为有英国革命的好榜样，法国人一直对英国的君主立宪羡慕不已，启蒙思想家伏尔泰就毫不吝啬地赞美过英国的政治制度。所以法国大革命中君主立宪派也是率先登上了历史的舞台。

可是谁曾想路易十六和他的王后玛丽·安托瓦内特完全不满足于君主立宪，他们秘密勾结外国王室镇压国内革命，事情败露之后，人民对君主的愤怒到达顶点，君主立宪派再也无法在法国立足了。

接下来主张温和的吉伦特派和主张暴力政治的雅各宾派相继登场。雅各宾派为最后的胜出者，他们实行所谓的"恐怖统治"。说白了，就是在经济上用限制价格的手段取代自由贸易，在政治上用恐怖的暗杀手段排除异己。

在这种恐怖统治之下，断头台成了最热门的地方，每天都有无数个嫌疑犯被以莫须有的罪名砍掉脑袋。然而以暴治民者，必被暴所除。雅各宾派用剥夺人民生命的方式作为伸张自由和平等的手段，必然也会遭到同样的暴力还击。

雅各宾派的领袖罗伯斯庇尔成了杀人狂魔，一个月杀人的数量居然就可以达到过去一年杀人的总和！最终，这个双手沾满鲜血的刽子手，也被自己的手下送上了断头台。

革命到了这里，似乎疯狂了，完全偏离了最初的轨道。人民想要的是自由和平等，但是自由和平等就意味着混乱，意味着恐怖，意味着无序，意味着滥杀吗？他们开始冷静下来，思考实现自由和平等的条件。那就是需要一个稳定的社会秩序。只有出现一个超级英雄，平定各政治派别之间的相互倾轧，让暗杀和恐怖不再横行，法国才会回归稳定的社会秩序，自由和平等才有可能实现。这个承载着法国人希望的英雄，就是拿破仑。

（胡晔）

『御座不过是一块盖着天鹅绒的木头』：拿破仑称帝

2019 年 4 月 15 日晚 18 时 50 分许，闻名于世的法国古建筑巴黎圣母院燃起熊熊大火，火灾烧毁了圣母院的塔楼。塔楼的尖顶如同被拦腰切断一般轰然倒下，圣母院优美的哥特式造型顿时面目全非。

巴黎圣母院被誉为“巴黎的女主人”，自公元 1163 年始建以来，见证了法国历史近 900 年的风风雨雨，无数历史名人在这里留下过珍贵的足迹。

距今 200 多年前的 1804 年，也就是清朝嘉庆九年的 12 月 2 日，一位 35 岁的中年男人，正是在这里，亲自为自己和自己的皇后戴上了皇冠。

这位皇帝的名字无人不知，相传还被收录进了清朝末年的科举考题。

1901 年，慈禧太后下令改革科举，题目中特别增加外国历史的内容。考官们粗略听说过拿破仑的事迹，知道他是一位气吞山河，最后却吃了败仗的大英雄，为了拍太后的马屁，便把拿破仑和中国古代的西楚霸王项羽相提并论，出了一道题目，名为《项羽拿破轮论》，意在拿中西方的两个

◆ 巴黎圣母院失火

著名人物进行比较。

由于那时候，对西方人名的翻译还不够规范，拿破仑的“仑”如今是昆仑山的“仑”，当时却被写成了车轮子的“轮”，这一下，题目就变得很难琢磨了……

文言文里常常将两个人名连读，中间既没有“和”“与”这样的并列连词，也没有顿号这样的现代标点符号，再加上所谓的“拿破轮”，既可以理解成一个人，又可以理解成一件事，结果让考生们吃尽了苦头。考生们来自全国各地，对西方的了解大相径庭，许多人并不知道拿破仑是何许人也，于是就闹了笑话。

一位考生思前想后，断定“拿破轮”是一件事，主语是项羽，便大笔一挥，写了这么一段话，翻译过来就是：项羽啊，可是个论力气能拔起山峦、论气概能压倒世人的大英雄，岂有拿不起一个破轮子的道理？可是呢，让他拿一个完整的轮子，尚且不能取胜，更何况让他拿一个破轮子，又有什么用呢？（夫项羽，拔山盖世之雄，岂有破轮而不能拿哉？……拿全轮而不胜，而况于拿破轮也哉？）

可见，这一届的考官实在不行，他们只顾自己赶时髦，却坑惨了考生。

这个故事流传很广，成了一个有名的段子，非但被不少文章提及，还成了相声的一个梗。在著名相声演员侯长喜的作品《拿破仑》里，主人公的爸爸不理解主人公读的是什么书，怪他整天拿一破轮，就用到了这个老梗。

可是话说回来，故事里的清朝考官，把拿破仑和项羽相提并论，虽说是出于偶然，却也有些歪打正着。

在中国人的心里，项羽是一位特殊的英雄。他一生大起大落，以一个落魄的楚国贵族子弟的身份，23 岁投身于秦末农民起义的浪潮之中，25 岁成为起义军盟主，领导了击溃秦军的巨鹿之战，既报了祖父当年败给秦军后自杀的家仇，也报了楚国为秦国所灭的国恨。他 26 岁当上西楚霸王，成为全天下的主人，得意时横刀立马、分封天下，失意时泪别虞姬、乌江自刎。他的失败，不仅没有削弱他的英雄形象，反而平添了几分悲壮、传奇的色彩，让古往今来的无数中国人为之着迷。

在这一点上，拿破仑的情况极其相似。在西方，拿破仑与亚历山大、汉尼拔、恺撒合称“四大名将”。可是四人当中，亚历山大是一国之君，汉尼拔是将门之后，恺撒同样出身名门，只有拿破仑，从一个偏远的外省科西嘉岛的炮兵少尉做起，一步步成长为横扫欧洲的法军统帅。

他一生五次击破反法同盟，赢得 50 余场大型会战的胜利，其中一半以上属于以少胜多。他亲手缔造了法兰西第一帝国，几乎统一了整个欧洲。直到晚年，拿破仑才尝到失败的滋味。这其中，尤以滑铁卢战役最为世人所知。可是在今天的滑铁卢古战场上，人们却为拿破仑树立了一尊雕像。有人戏称，这可能是全世界唯一为失败者树立雕像的战场。世人对他的热爱，由此可以想见。

◆ 拿破仑肖像

然而，这样一位不世出的大英雄，最初登上历史舞台时，却并没有自带主角光环。

拿破仑向来以体格矮小著称。当然，今天的一些学者认为，这是英国人为了诋毁拿破仑而故意传播的谣言。有人还专门考证过他的身高，认为他大约有 165 厘米以上。要知道，以当时的营养条件，法国男性的平均身高，也不过 160 厘米而已，所以拿破仑绝不是矮子。不过，165 厘米放在今天虽说不算矮，放在当年也绝不能算高。至少与身高八尺有余的项羽站在一起，是要踮起脚来仰视的。

拿破仑出生在法国最南边的科西嘉岛上，那里与法国本土之间隔着大海，有 170 千米之遥。他父亲是当地的一名小贵族，从事律师职业，因为理财不善，以至于过得穷困潦倒。

不过，少年时期的拿破仑，可能来不及思考这个问题，他担心的是自己究竟有没有资格做法国人。因为科西嘉岛自古以来一直属于意大利，只是到了拿破仑出生的1769年，科西嘉岛才并入法国，成为法国的一个边疆省份。

日后拿破仑去法国本土读书时，常常遭到同学们的耻笑，被看成打南边科西嘉来的蛮子，他可能为此很不开心，有很长一段时间，总是幻想着让科西嘉岛从法国独立出去。

但读书时期的拿破仑，是bug般的存在。在学校里他是标准的尖子生，但他能获得好成绩，既和天赋有关，更离不开后天的努力。

他在巴黎军官学校读书时，以科西嘉小贵族的家庭出身，被京城的王子王孙根本就无视。可是拿破仑天生要强，他把这股气憋在心里，发奋学习，最后连连跳级，16岁就提前毕业，被授予炮兵少尉的军衔。

对于未来的人生，拿破仑有清晰的规划。他认为数学、语文、历史对于自己未来的事业最重要，便集中精力学习这三门功课，结果三门成绩都很拔尖，碾压了所有人。

以数学为例，拿破仑起初是以炮兵军官的身份崭露头角的，从他保留至今的成绩单来看，对于炮兵需要的数学知识，如算术、代数、几何、微积分等，他都能出色地掌握。用今天的话说，拿破仑这位成长于18世纪的军人，已经初步具备了大学数学的知识水平。拿破仑开始率军打仗后，他的炮兵部队表现出高超的战术水准，经常做到指哪儿打哪儿，这与拿破仑本人的数学技能密不可分。

如果说数学赋予了拿破仑指挥炮兵作战的能力，那么语文、历史则提高了他的表达技巧和判断力，这对于不甘心只做一名士兵，而是志在成为统帅的拿破仑来说，至关重要。

1793年的土伦战役中，24岁的拿破仑表现抢眼，战后被调入军务部。

◆ 骑马的拿破仑获知胜利消息

当时，法军在意大利前线连吃败仗，面对焦头烂额的军务部部长，拿破仑滔滔不绝地陈述了对意大利战场的建议。部长惊呆了，觉得这小伙子不一般，就让他回去写一份报告，告诉他可以不用急，慢慢写。但拿破仑自信地说："我半个钟头就能写出来。"结果，这份报告在军事会议上大放异彩。年纪轻轻的拿破仑，迅速被调入参谋本部，进入了法军的核心机关。

拿破仑拥有普通军人不具备的谈吐和写作能力，这些优势在关键时刻帮助了他，试想，假如他的表达结结巴巴，报告写得文理不通，即使再有才华，恐怕也只会被埋没。

1796 年，27 岁的拿破仑率军挺进意大利。他临时接手的这支军队缺乏经验、补给不足，骑兵没有马匹，步兵没有火枪，士卒缺衣少食。在穿越法国、意大利之间的阿尔卑斯山时，将士们的士气已经非常低落。

此时，拿破仑回想起了年少时爱读的名著，他与身边人谈起历史学家普鲁塔克的《希腊罗马名人传》，回想汉尼拔当年穿越阿尔卑斯山出奇制胜的壮举，还有亚历山大远征的千难万苦……这些知识终于可以派上用场了。

行军途中拿破仑不断向士兵发表演说，以汉尼拔、亚历山大为榜样，从历史的高度来分析此次行军的意义，鼓励士兵去汉尼拔驰骋过的战场建功立业。

他告诉士兵："你们没吃没穿，国家亏欠你们很多，但我们这一战，是为了打进罗马帝国的故土，那里有天下最富饶的平原、最富裕的城镇。等你们回到家乡，同胞会骄傲地指着你们说：'瞧，这个人参加过解放意大利的战争！'"他的演说让疲惫的士兵恢复了斗志，甚至热泪盈眶，几度唱起了国歌。后来，这支被戏称为"叫花子军团"的部队，在意大利大展雄风，彻底击溃了奥地利守军，他们果然在历史上留下了自己的名字。

项羽在秦末的天下大乱中崛起，最终当上西楚霸王。拿破仑也在法国大革命的乱世中脱颖而出，最后登上皇帝的宝座。

1804 年，35 岁的他加冕为法兰西皇帝。加冕典礼上，信奉"我命由我不由天"的他，出乎所有人意料地从代表神权的罗马教皇手里夺过皇冠，亲自戴在了自己和妻子的头上。

这是他浴血沙场打出来的皇位，他不允许任何人为他加冕。当年的那个受人嘲笑的科西嘉小子，已经成长为名震欧洲的一代帝王。

拿破仑有一句名言："御座不过是一块盖着天鹅绒的木头。"

别跟我谈什么天生的帝王——皇帝的宝座下面，不过是木头；鎏金的佛菩萨像里面，也只是泥巴。

换言之，这御座，波旁王朝的路易十六坐得，我坐不得？

◆ 滑铁卢战役场景

他当然坐得，不仅他坐得，他的兄弟、功臣，也都被他分封到各地做王称霸。西班牙国王是他的哥哥，荷兰国王是他的弟弟，波兰国王是他的元帅。

只不过，他和他分封的国王们，也像大革命中被砍了头的路易十六一样，没有办法永远坐下去。

一个人的才华和好运，终究有耗尽的那一天。逆天改命的拿破仑，是当之无愧的一代将才，但他也并不是常胜将军。

在他生命中的最后一场大战——滑铁卢战役中，他还是像往常那样，勇敢地以少敌多。但不同的是，此时的拿破仑已经是一位不复当年之勇。

1815 年 6 月，拿破仑率 12 万法军挺进比利时，与第七次反法同盟的

22 万联军对垒。18 日，双方主力军队在滑铁卢展开决战，拿破仑在决战前夕的一系列错误决定，留下了至今未解的历史谜题。他在兵力不占优的情况下，贸然分兵追击，导致决战爆发时，两路大军无法会合，人数劣势愈加凸显。

近年来，史学家和医学家的合作研究更显示出，当时已经 46 岁的拿破仑，很可能正被严重的痔疮和嗜睡症所困扰。其实此前的 10 年里，他的体力、脑力已经有明显的退化，多年骑马作战使他患上了痔疮，病发时疼痛难忍；甲状腺不足和黏液水肿则导致他频频犯困。此外，他还可能与我国古代的军事家曹操一样，得了偏头痛，犯病时脾气暴躁、语无伦次。不幸的是，在滑铁卢决战的前夕，这些病症似乎一一发作了。

16 日晚，拿破仑因痔疮复发感到剧痛，整夜无法入睡，御医有可能给他用了起麻醉作用的鸦片。17 日上午，拿破仑 8 点才起床，11 点才开始指挥布阵，要知道此时是盛夏，太阳不到 4 点就已经升起，年轻时的拿破仑绝无可能如此贻误战机。18 日决战打响前，疲惫不堪的拿破仑再次很晚起床，然而用早餐时，他却突然变得极度亢奋，向部下保证胜券在握。

战斗开始后，拿破仑罕见地没有亲临前线指挥作战，要知道，滑铁卢只是一座很小的村庄，年轻时的拿破仑精力旺盛，就算是指挥比这大得多的战场，也丝毫不在话下。即便如此，法军还是一度占得上风，直到打光了所有后备队，才因寡不敌众败下阵来。考虑到两军曾经杀得难解难分，拿破仑的疾病，也许在决定胜败的天平上，成为不容忽视的分量。

极具传奇色彩的拿破仑，就以这种悲剧的方式，退出了历史舞台，把他戎马一生的成败、功过，留给了后人评说。

1815 年的滑铁卢战役改变了欧洲的历史：一方面，拿破仑的军事生涯和政治生命就此终结，战后，拿破仑被英国人用军舰，流放到大西洋上

◆ 凯旋门底座的浮雕

的圣赫勒拿岛，那里距离最近的海岸，也有上千英里，拿破仑在这儿生活了5年又7个月，最终在软禁中病死；另一方面，法国虽然保持了大国的地位，却从此丧失了欧洲霸权。英国一跃成为欧洲乃至世界第一强国，一个崭新的时代即将拉开帷幕。

1821年5月5日下午5时许，病重的拿破仑，在半昏迷中告别了人世。这个小个子男人，努力了一生，把荣耀最后一次带给了法兰西，也把法国大革命的自由、平等理念，第一次带给了欧洲。如果要问，一个人仅凭天才和勤奋，能够达到怎样的高度？拿破仑的一生，便给出了最好的答案。

巧合的是，对于开篇那道比较项羽、拿破仑的历史题目，我们敬爱的周总理也给出了他的答案。在《周恩来南开中学作文笺评》这本书里，我们发现了一篇周总理写于1916年读书期间的作文，名为《项羽拿破仑优

劣论》

在这篇文章里，周总理将世间的英雄归结为两类。

一类是“时势之英雄”，也就是由时势所打造的英雄，简单地说，当历史潮流浩浩荡荡地来到某条必经之路时，即便没有张三崭露头角，也会有李四要要威风，英雄具体是谁并不重要，无论张三、李四，都不过是顺应了时势的幸运儿罢了。真正重要的，是背后的大势所趋。

但更令年少时的周总理钦佩的，却是另一类英雄，即“造时势之英雄”。他们的伟大，就在于战天斗地，与时势搏斗，以致重塑了历史的潮流，以一己之力，逆势而为，改变了世界的进退、人类的盛衰。

哪些人可算是这样的英雄呢？周总理说，项羽、拿破仑，“故二氏者，吾之所谓造时势之英雄也。”

（杨盛翔）

经济上的『滑铁卢』：拿破仑大陆封锁令的失败

说起法国的历史，没有人不知道拿破仑。这个“小个子将军”以其卓越的军事才能、坚强的意志品格以及对世界历史的重大影响成为很多人心中的偶像。然而，人们在崇敬他的人格魅力与卓越才干的同时，更对他的失败感到同情与惋惜。就像人们怜悯西楚霸王那样，总会发出一种“天亡其国，非战之罪也”的慨叹。

大家都知道，导致拿破仑军事失败和政治命运终结的，是1815年的“滑铁卢之战”。以至于滑铁卢基本成为失败的代名词。但是，你可能不知道，早在军事上的滑铁卢之前，拿破仑就遭遇了经济上的滑铁卢——对英“大陆封锁令”的失败。

我们今天要讲的，就是发生在对英“大陆封锁令”时期的故事。

1807年的某一天，在法兰西第一帝国的皇宫里，拿破仑的皇后约瑟芬正在精心打扮，准备去参加一场盛大的晚宴。出席这场晚宴的都是法国当时的社会名流，其中还包括拿破仑的妹妹、“欧洲第一美人”波利娜。

无论是出于体面还是女人小小的虚荣心，她这个法兰西帝国的皇后绝

◆ 加冕的拿破仑

◆ 约瑟芬皇后

对不能逊色于自己的小姑子。因此，在经过一番精心挑选之后，皇后选中了一款带束腰的绿色洛可可式晚礼服。换上之后她自己在镜子前转了一圈照了一下，觉得非常满意。约瑟芬皇后当时 44 岁，但是，由于她本就善于保养自己的身材与脸庞，再加上精致的妆容，使她时常看起来还不到 30 岁。

皇后满以为会得到皇帝陛下的称赞，没想到却被拿破仑发现这件礼服是英国货，违反了他刚刚颁布的禁止英国货入境的禁令，他批评皇后："即便你这身衣服是在禁令颁布之前购买的，但是穿着英国货出席如此隆重的场合，并不符合朕的敕令与你皇后的身份。"

随后便勒令她销毁那些英国货。

听了这一席话，皇后脸上虽然写满了不高兴，但口头上还是勉强答应了，很不情愿地换上了一身外翻领的法国制巴洛克式礼服，虽说这身礼服也很适合皇后，然而比起上一件礼服多了一丝端庄严肃，少了一些活泼明丽，让人感觉老气不少。但约瑟芬皇后也实在没有办法，拿破仑无论是在哪里都是说一不二的。

晚宴上灯火辉煌、觥筹交错，一位穿着粉色洛可可式晚礼服的美丽女子俨然成为整场宴会的中心，那件清新的粉色礼服与女子美丽精致的面庞相得益彰，贵妇们纷纷向她投去艳羡的目光，绅士们频繁与她聊天、向她祝酒、邀她跳舞，为的就是想多看几眼她的芳容。

那个女子就是拿破仑的妹妹波利娜。巧合的是，她当晚穿的那件礼服，居然和皇后一开始挑选那件相似，除了颜色之外包括款式乃至花型都是一样的！对，就是那件英国货！而拿破仑呢，却对妹妹这件英国制造的礼服睁一只眼闭一只眼，不仅没有厉声呵斥，还像其他人一样对妹妹祝酒，夸赞她的美丽。相对而言皇后这边就逊色不少。作为当年巴黎上流社会最受人关注的女人，显然，皇后“输”得很不服气。

皇后眼见拿破仑的敕令连自家人都管不住，但皇帝的命令又不能违背，于是就阳奉阴违地烧了几件自己相对看不上眼的英国货做做样子而已，将自己喜欢的那些藏了起来，因为她觉得这个大陆封锁敕令根本维持不了多久。

尽管当时拿破仑亲自带头使用法国货、销毁英国货，但是大陆封锁体系的失败是显而易见的。

在这件事上，拿破仑并没有得到战场上那样一呼百应的回应，相反，就连他最亲近的人都不支持他。

故事讲到这儿，读者们可能会问：为什么拿破仑要颁布“大陆封锁令”并如此坚决地带头抵制英国货呢？

自从1799年11月拿破仑成为法兰西第一共和国执政官以后，为了巩固法国大革命的成果，并维持法国对欧洲大陆的控制，曾经先后五次率领法国军队与英国、俄国、奥地利、普鲁士等国组成的“反法同盟”进行战争。

虽然在前四次的战争中拿破仑都取得了胜利。但是，每次胜利不久，这几个战败国都会再次组织起新的“反法同盟”。拥有卓越战略眼光的拿破仑一眼便看出了，数次反法同盟的组织者并不是屡次派大军与自己直接交战的奥地利、普鲁士和俄罗斯，而是在背后资助他们，还时不时地在关键时刻走到台前来给法国致命一击的英国人。

所以，拿破仑一直在想方设法地从各个方面削弱英国的力量。

在拿破仑看来，虚弱的英国陆军在自己指挥的法军面前根本不堪一击。长期以来，英国人所倚仗的无非两点：其一是海军；其二是财富。为了破解英国的这两大优势，长于军事的拿破仑果断从英国的海军入手，企图在消灭英国海军之后直接攻击英国本土。

然而，他的舰队碰到了当时英国最伟大的海军将领霍雷肖·纳尔逊，经过数次激烈的交锋后，法国的海军力量最终于1805年在特拉法尔加海角战役中全军覆没。

海战的失败使拿破仑登陆英国本土的计划完全流产。

海军没了，直接打肯定是打不着人家英国了。于是，拿破仑一计不成又生一计，从财富入手，想通过切断英国的财源来打败英国。因为拿破仑发现，英国作为一个岛国，其农业生产并不发达，他们当前所拥有的财富大多依靠发达的工业和繁荣的进出口贸易，而这两者无一例外地都需要一

◆ 霍雷肖·纳尔逊雕像

个广阔的海外市场。因此拿破仑认为，只要让英国商品丧失市场，那么这个岛国的财富也就自然而然地枯竭了。

在这种战略思想的指导下，已经占领了大半个欧洲的拿破仑，采取了全面封锁对英贸易的政策。拿破仑以为，通过这种办法来切断英国的经济来源，也就从根本上瓦解了任何形式的反法同盟。除了遏制英国，拿破仑“封锁大陆”还有另一层用意，那就是扶持法国制造业。为此，他强迫各国对法国实行关税优惠，企图用“法国制造”代替“英国制造”，从而使法国加速完成从农业国向工业国的转变。

虽然从理论上来看，拿破仑的这一战略思想确实是精妙绝伦、一箭双雕，但是从其实际执行的效果来看，不得不说这是拿破仑在经济上犯下的重大错误，比他在滑铁卢战役中犯的错误还要严重得多！

◆ 特拉法尔加海角战役后“胜利号”驶入直布罗陀海峡

英国毕竟是当时唯一的工业化国家，作为世界工厂，它具备更强大产能，相对法国拥有生产力方面的优势。当时英国生产的商品几乎遍布于各个领域，而当时法国的工业产品无论是在质量、价格还是供应量上都无法与英国的工业产品相匹敌。

贸易战开始初期，英国确实感受到了些许压力，工业产能出现下滑，国际贸易额下降 20% 左右。但是，英国并没有被拖垮。虽然暂时养肥了一部分法国工业，但法国产品在供应量和质量上都不足以取代英国产品，反倒是封锁政策带来的英国工业品供应短缺直接影响了法国自身经济的发展。

同时，中立国和法国的一些“盟友”普遍不愿意服从大陆封锁政策。丹麦、瑞典、俄国是受害十分严重的国家，它们的领导人对同英国开展贸易采取默许态度。

虽然拿破仑坚定地实行对英贸易封锁，但是那些被法国压迫的国家，因为没有了与英国的进出口贸易，国内的经济开始大幅度下滑，失业率上升，民生凋敝，其中受害比较严重的西班牙和俄国更是公然违抗封锁政策，并拿起武器与法国对抗。1808 年在英国的支持下西班牙起兵与拿破仑作战。这年秋天，西班牙人终于把法国军队赶出了伊比利亚半岛。法俄之间则爆发了 1812 年战争。

对于俄国的公然放弃封锁禁令，心高气傲的拿破仑大为光火，他认为俄国关键时候掉链子，大陆封锁政策马上就要成功了，只要再坚持一段时间，英国就会向法国妥协。于是在权衡之下，拿破仑决定发动对俄国的战争，迫使俄国重新加入大陆封锁政策。但是令拿破仑万万没想到的是，在大陆封锁 6 年后，法国已经无法生产出足够数量的合格冬衣，结果，远征军在俄国的寒冬中瑟瑟发抖，最终被俄军击溃。这场远征的惨败，间接宣布了大陆封锁政策的失败，同时也是拿破仑帝国由盛转衰的转折点，拿破仑本人也滑入了难以逆转的失败深渊。

可见，正是这个在他看来既能切断英国财源，又能发展本国工业的“大陆封锁令”，不仅未能帮助他拿下英国，反而在很大程度上伤害了法国自身及其盟友，终于把法兰西帝国推向了灭亡的命运。

其实按理说，敌对的国家之间实行经济封锁的战略，无论东方还是西方都是古已有之。那么为什么拿破仑的这个封锁让他付出了如此巨大的代价呢？在我看来，是因为拿破仑的时代正处于时代交替的门槛上。

在农业社会，各个国家整体上还是处于自给自足的自然经济当中，商贸往来不会起到决定作用。但是当进入工业化时代、进入资本主义社会后，全球贸易化迅速发展，完全意义上的封锁根本就不可能实现，因为那意味着两败俱伤。翻译成白话就是，该做的生意必须得做，不然大家都没有饭吃。

拿破仑时代的欧洲，正是封建社会还没有完全解体的拉锯时期，也可以说是时代的局限性造成了这样的结果吧。所以，我们在发展经济的时候一定要重视经济发展的规律，切不可草率地单纯用行政命令来干预经济的发展。

（韩毅）

凯旋门为何而建：奥斯特里茨会战

矗立在巴黎市中心的凯旋门雄伟壮观，是法国国家荣誉的象征。它究竟为何而建呢？让我们从法国大革命说起。

自巴黎人民攻占巴士底狱起，法国大革命几经沉浮。在长达十年的动乱和巨变之后，法国人心中十分强烈地渴望恢复秩序和权威。

这时拿破仑进入历史的舞台中。这名来自科西嘉岛的小伙子，先是在土伦战役中崭露头角，一战成名。此后他被派往意大利，在与奥地利的几次交手中又用兵如神，成功地瓦解了第一次反法同盟。

当时法国处于督政府统治时期。督政府忌惮这位常胜将军在人民当中巨大的声望会威胁自己的地位，所以当拿破仑刚刚从意大利回到法国后，就又被派去远征埃及。

在埃及期间，拿破仑随时关注巴黎的动向。1799 年 8 月，他从一张过期的法国报纸中得知了国内的紧张局势，他知道自己的机会来了，立刻带领几百精锐兼程回国。拿破仑回到巴黎发动了政变，建立了自己的执政政府，因为这是法国历法中的雾月，所以史称“雾月政变”，从此开启了欧洲大陆的“拿破仑时代”。

此时的欧洲各国都对法国虎视眈眈。奥地利在第二次反法同盟的失败中损失惨重，想要挽回自己之前的损失，于是，在1805年同英国和俄国联合起来建立第三次反法同盟。而普鲁士也处在随时可能加入反法同盟的状态中。

拿破仑分析，如果普鲁士参战，那么反法同盟就会如虎添翼，因此他必须尽快击垮俄奥联军。他一方面与普鲁士谈判，尽量拖延普鲁士参战；另一方面在俄奥面前示弱，以诱导他们相信不必等普鲁士加入，立即出马就可解决法国。

拿破仑的计划顺利实现了。

1805年8月，俄奥联军决定先攻击巴伐利亚的乌里姆。拿破仑趁俄军还没到来的时候成功围困了奥军，奥军主帅很快就投降了。

◆ 库图佐夫将军

俄军主帅库图佐夫为了保存实力，也见机做出撤退的决定，率领大军向北方撤退，奥地利国王弗朗茨二世带着剩余的5万残兵跟随俄军后退，拿破仑轻而易举地占领了维也纳。这时一个难题摆在了拿破仑面前，如果继续追击俄奥联军，就要面临在冰天雪地里作战的风险，而冬天作战是兵家大忌。而如果就此作罢，普鲁士很可能会加入到实力尚存的反法同盟中来，那么打起仗来敌人就更加强大。“宜将剩勇追穷寇”，因此他继续率领 5 万先头部队，紧追俄奥联军。

俄奥联军为了减慢拿破仑追击的步伐，采用了“焦土政策”，他们沿路抢劫村庄，烧毁桥梁，即使这样拿破仑仍然穷追不舍。这时，沙皇亲自带领一支军队到奥斯特里茨与联军会合，这样联军的实力顿时大增。联军不再撤退，而是以奥斯特里茨为据点，在这里迎战追击的法军。

联军内部这时出现了两种不同的声音。库图佐夫认为现阶段应该以防御为主，等普鲁士的援助到了再反攻拿破仑。而沙皇和奥地利国王都是激进派，他们认为长途跋涉已经让法军的战斗力削弱了不少，而且让两个国王躲在城里不去迎战，实在有失体面。

就在联军内部还没有达成一致意见的时候，拿破仑向沙皇提出见面的请求，他希望两军可以停战和解。但是骄傲的沙皇没有亲自接见拿破仑，只是派去一个使节充任谈判官。拿破仑在使节面前表现得非常懦弱无奈，他强调自己之前进军的计划是一个非常错误的决定，实在没有想到沙皇这么快就赶来了，如果发生战争，法军一定全军覆没。

当使臣把拿破仑的神态和话语带回联军营地之后，激进派没有丝毫怀疑，他们坚定了要趁机消灭拿破仑的主张。而久经沙场的库图佐夫知道百战百胜的拿破仑绝不会是那么好对付的人，拿破仑表现得如此谦卑，更让他预感到要发生一场惨烈的战争。

此时的法军已经占据了奥斯特里茨的中央高地普拉岑，这是一块攻守兼备的战略宝地。拿破仑在对沙皇使臣做出苦情戏表演后，立马将士兵撤出了普拉岑高地，表面上看拿破仑真的撤军了，而且还要把这块宝地拱手让给沙皇。

实际上，拿破仑利用这里地形复杂、俄奥联军麻痹轻敌之机，暗中抓紧调兵遣将。拿破仑部队的前方是拉纳将军带领的 13000 人，后方是缪拉

◆ 1805 年的奥斯特里茨战役

亲王的 5 万精兵。这两支部队之间隔了一座山丘，普拉岑高地上的联军很难发现这支秘密部队。之后即将赶来支援的贝尔纳多特第一军团也将埋伏于此。军队的左翼北线被安顿在桑顿山之后。

法国的右翼南线部队负责诱敌深入。这里有特尔尼兹和索科尔尼兹两个村落，但是拿破仑只派了一个师的力量驻扎在这里，仅仅 1 万人。另外两个师潜伏在普拉岑山后面，负责中央支援，正在兼程赶来的达武将军带领的援军也将会在这里支撑右翼法军的进攻。此外，拿破仑还对各阵营内部做了仔细的部署。为了集中火力，他将炮兵置于中间和两侧；骑兵在队伍后面，便于调派和追击。

一切布置完毕后，就是等待时机了。拿破仑连续多日观察天气，发现这里凌晨常常笼罩着大雾，能见度非常低。但是到了上午九点之后，阳光就会穿透雾层照射进来，大雾也会散去。

对于法军而言，这就说明他们的布局只能隐藏到上午九点之前，否则就会被俄奥联军发现。因此，留给法军的进攻时间非常短。更加不利的是贝尔纳多特和达武将军的援军还在路上。权衡利弊之后，拿破仑没有选择等待援军，他怕延长时间只会带来更多的变数。他果断地选择放手一搏，看看幸运女神能不能在关键时刻站在他这边。

俄奥联军果然中了拿破仑的圈套。

俄国巴格拉季昂亲王率领4万人进攻法军左翼，法军在这里的兵力共有6万人；布克斯豪登将军率领大部分联军攻打右翼，联军人数高达6万人，不过法军却仅有1万人；最有经验的库图佐夫将军被派去镇守中线。即使如此，拿破仑还是不能将悬着的心放下来，因为贝尔纳多特和达武的援军还没到，此时他还没有必胜的把握。

俄奥联军最先攻打的就是南线的特尔尼兹村，由于他们人数众多，而法国守军很少，所以联军很快就占据了这个村子，随后索科尔尼兹村也被他们收入囊中，这样他们就越来越深入了拿破仑的圈套。

拿破仑就是想牵制联军的主力，让其深入南线内部，让联军的两大阵营失去相互协调的可能性，这样法军就可以分化联军，然后各个击破。也果真不出他所料，事态的发展目前都在拿破仑的预想之中。

与南线相比，联军在北线上节节失败，尤其是在缪拉将军出战后，联军一连退却了好几里。在中线上，由于法军中线空疏，库图佐夫将军不费吹灰之力就占领了普拉岑高地，他可以居高临下地观察战局，时刻准备冲下去支援其他的部队。

幸运女神果真站在了拿破仑这边。

就在法军南线快要支撑不住的时候，贝尔纳多特和达武将军的援军赶到了。此时大雾散去，阳光透过云层射向大地，一切明晰起来。拿破仑看清了整个战场的局势，他认为时机已到，所有的法军都不需要隐藏了。

拿破仑立即下令潜伏在普拉岑高地附近的两个师全线出击，从侧面攻打联军布克斯豪登的军队，战斗目标是不能让这支队伍向西撤退，必须让他们退向东南方，这样就不能获得其他联军的支持。在达武将军的进攻下，联军的左翼部队被逼离得大本营越来越远，而镇守中线的库图佐夫鞭长莫及，无法救援联军的左翼。法军北线也成功击溃了巴格拉季昂的阵营，把他们赶到了东北方向，也远离了俄奥联军的大本营。

此时站在高地上“高瞻远瞩”的库图佐夫将军意识到，如果普拉岑高地失守，联军必然全军覆没，只有死守住高地，才有进行反攻的机会。于是他派出一支最优秀的俄罗斯近卫队，去突破法军在四周的守卫。拿破仑临危不惧，把贝尔纳多特和苏尔特部队调至中线，全力进攻普拉岑高地。这时候的联军内部又出现了分歧。沙皇不同意库图佐夫的战略，他主张全线撤退，保留剩余的实力，他命令占据优势的中央大军放弃普拉岑高地，去南线支援联军。这让库图佐夫左右为难，这位作战经验丰富的老将深知占领战略高地的重要性，不过他又没有胆量对抗沙皇，只得亲自打破战略部署，把这个宝地拱手让给法军。明察秋毫的拿破仑很快发现俄军正在缓慢撤兵，他急忙命令法军加大火力进攻普拉岑高地，在法军的猛攻之下普拉岑高地失守了。

沙皇这时才看清战场形势，意识到自己酿成大错，他又命令库图佐夫重新夺回普拉岑高地。但是此时法军已经居高临下，俄军从下向上仰攻十分困难。库图佐夫带领士兵们进行了两个多小时的反攻，伤亡极大，却丝毫没有进展，反而给法军制造了击溃联军中线的机会。法军从高地向下开炮，很快就打开了一条血路，派兵穿插，完全隔断了联军两个阵营之间的联系。

至此，法军已经彻底打乱了联军的部署，拉纳和贝尔纳多特将军分别带领军队追击联军的逃兵，苏尔特和达武的军队则全力进攻联军的左

◆ 1836 年 7 月 29 日巴黎凯旋门举行落成典礼

翼，把他们一直困在沼泽和扎钱湖之间，很多俄兵只能弃马从冰面上逃跑。法军见此情况直接用火炮向冰面射击，逃兵都掉进冰冷的河水里，伤亡惨重。

这次奥斯特里茨会战，彻底瓦解了第三次反法同盟。战役之后，英国首相皮特生气地走到地图前，说："卷起这幅欧洲地图吧，10 年内它不会再有用了。"奥斯特里茨会战是拿破仑军旅生涯中光辉的一笔。

1806 年 2 月 12 日，政府决定建造凯旋门，以纪念这次胜利。凯旋门在拿破仑这年生日那天开始奠基，几百年来，成了巴黎的地标性建筑。

（胡晔）

铁血宰相俾斯麦导演的三次王朝战争

德国是当今世界上一个拥有重要影响力的发达国家，在欧盟国家当中，它的经济总量长期保持领先，人口也位居首位。

然而，直到 1871 年地球上并不存在一个叫德国的国家。在此之前，欧洲确实有“德意志”的说法。但这个词只有两重含义，它既是一个地理名词，指的是现在的德国及其周边地区；它也是一个民族概念，指的是生活在德意志这片土地上的主体民族，即德意志民族，在此之外，它却无法指代一个国家。

1871 年以前，德意志这片土地四分五裂，同一时间，存在少则数十个，多则数百个邦国。它们都是以德意志民族为主的国家，却各自为政，彼此缺乏合作。这些国家里，最重要的有两个：一个是奥地利，另一个是普鲁士。

当时最强大的当属奥地利。今天的奥地利，是个只有 8 万平方千米的小国，大约与我国的重庆市差不多大，人口更只有 800 多万人，仅仅是重

◆ 哈布斯堡家族的金属双头鹰象征

庆市的大约 1/4。可是，历史上，奥地利曾经长期是欧洲的一个大国。从 15 世纪开始，奥地利的哈布斯堡家族，更是将神圣罗马帝国的皇冠，变成了自己的家产。自那以后，一代代神圣罗马皇帝，便只能从这个奥地利家族中诞生。

因为这个原因，哈布斯堡家族管辖的土地，不但包括祖传的奥地利，还涵盖了现在的捷克、斯洛伐克、匈牙利、意大利、波兰等国的一部分。这些土地，都是神圣罗马帝国的领土。由于幅员辽阔，奥地利的人口，不单单由德意志民族组成，捷克人、匈牙利人等，都是神圣罗马帝国的臣民。

所以，当时的奥地利是一个多民族杂居的国度。表面上，它是德意志的一部分，实际上它的一只脚，早已远远跨到了德意志这片土地之外。

实力仅次于奥地利的是普鲁士。

今天的你大可不必展开德国地图，去寻找这个地方。因为随着两次世界大战德国战败，领土缩水，当年普鲁士的大部分领土，早已划入了俄罗斯和波兰。

例如，德国历史上大名鼎鼎的哲学家康德，就是柯尼斯堡人。柯尼斯堡曾经是德国的文化重镇，可是“二战”结束后，这个地方就变成了苏联的领土，现在叫作加里宁格勒。“加里宁”是一位苏联政治家的名字，“格勒”则是俄语中的“城市”的意思。当年的康德，其实是在今天俄罗斯的领土上，每天定时出门，一边散步，一边思考，写出了《纯粹理性批判》。

19 世纪，德国还贡献了另外一位闻名世界的哲学家叔本华。他的故乡是普鲁士的另一座文化名城，名叫但泽。可是“一战”后，但泽也已经被划入波兰。今天，她有了一个波兰语的名字，叫作格但斯克，意思是“格但尼亚河边的城镇”。

柯尼斯堡和但泽，都曾经属于当年的普鲁士。而今，这两座城市，却成了其他国家的领土。

既然普鲁士这个国家都已经不存在了，我们为什么又要提起它呢？因为，正是这个已经消失在历史变迁中的国家，在 19 世纪，领导了德国的建国大业。其间，有一个人的名字，尤其与普鲁士的历史，与德国建国的历史紧紧联系在了一起，他就是时任普鲁士宰相的俾斯麦。

如果有一个德意志人，恰好从 1805 年活到了 1871 年，那么在他 66 年的生命中，他将有幸见证德意志民族由弱到强、德国作为一个国家从无到有的历史性转折。

1805 年，是中国清朝嘉庆皇帝在位的第十年。

那一年，大臣刘罗锅、纪晓岚相继去世，丹麦童话作家安徒生刚刚降生。

那一年，大作曲家贝多芬的《英雄交响曲》在奥地利维也纳首演。本来，贝多芬计划把《英雄交响曲》献给一位名副其实的英雄，他就是伟大的法国将军拿破仑。可是当贝多芬听说，拿破仑竟然窃取了法国大革命的果实，当上了皇帝和独裁者的时候，崇尚自由、民主的贝多芬，愤怒地撕破了乐谱的封面，差一点导致这部作品没能流传于世。

1805 年，让贝多芬倍感失望的拿破仑皇帝挥师东征，在今天属于捷克的奥斯特里茨，击败了奥地利大军。此战过后，拿破仑成为德意志土地上的主人。

经过这场战役，德意志民族明白了，分崩离析的他们根本无力抵抗统一、强大的法国。他们热切期盼本民族的统一，放眼当时，有能力担负统一使命的只有奥地利和普鲁士。

一开始，人们对传统强国奥地利寄予厚望。可是奥地利家大业大，领土一路延伸到东欧平原，国民也远不止是德意志民族，反而对领导德意志统一缺少兴趣。

因此为德意志统一真正做出贡献的是普鲁士。至于奥地利，它不仅没有帮助普鲁士，反而成为普鲁士领导德意志统一的绊脚石。

与喜爱音乐、玩艺术更在行的奥地利人不同，普鲁士人的家乡，在寒冷的波罗的海沿岸。普鲁士人性格坚韧，充满尚武精神。这里的军人吃苦耐劳、军纪严明，被训练得像机器一样高效、可怕。这里的贵族不崇尚花天酒地，而是流行舞刀弄枪、钻研兵法，他们争先恐后去做军官，渴望在战场上建功立业。

尽管如此，想要统一德意志，普鲁士却面临内外两重困难。

首先，在德意志内部，普鲁士面临奥地利的排挤。俗话说，一山难容二虎。当时的普鲁士和奥地利，各自拉拢一帮德意志小国，做起了扛把子(江湖老大)，围绕它们俩，形成了两个势不两立的帮派，明里暗里斗得不可开交。普鲁士看得很清楚：要统一，必须先做掉奥地利。

其次，在德意志外部，普鲁士还面临法国的威胁。

人性的弱点就是，见不得别人好，尤其是当这个“别人”，还是自己邻居的时候。中世纪以来法国长期在欧洲大陆的场子里做话事人（能做主的人)，已经习惯了一家独大，自个儿说了算。法国人不愿意看到德意志的各个小国统一起来，因为那样就会形成一个无论是在领土上，还是在人口上，都将全面超越自己的欧陆大国。就像当今的一些大国，总是会千方百计地阻止敌对国家统一一样，法国也乐意看到德意志地区的分裂，对普鲁士志在统一的雄心耿耿于怀。

就这样，普鲁士的统一大业拉开了帷幕。有趣的是，领导统一进程的，不是普鲁士的国王，而是普鲁士的宰相、比国王更有名气的俾斯麦。

俾斯麦是个典型的普鲁士贵族，他强悍、坚韧、尚武，读书期间，竟然与同学决斗了 27 次。可是在粗犷的外表下，他还有着许多普鲁士贵族不具备的头脑和理性。

他上任后，一方面，继承了普鲁士人能用拳头解决、绝不费话的传统美德；另一方面，又采用灵活、适度的外交策略，使普鲁士始终处于外交上的有利地位。

上任之初，他便在一次演讲中，说出了下面这段名言：

“德意志寄予希望的，不是普鲁士的自由主义，而是普鲁士的威力……当代的重大问题，不是说空话和多数派决议所能解决的……而必须用铁和血来解决。”

“铁和血”是能够激发青年人肾上腺素的两种元素，它们象征着普鲁士的工业和军魂，它们像好莱坞的战争大片一样，具有难以抵御的煽动力。普鲁士的工业机器运转起来了，普鲁士青年人的血液沸腾了，可是目睹这一幕的欧洲人，却谈之色变。从此以后，俾斯麦就有了一个响当当的外号——“铁血宰相”。

◆ 俾斯麦的画像

然而，俾斯麦并不是抄起家伙就开打的莽夫，一个历经27次决斗还能活下来的人，除了敢下狠手，头脑也必然灵光。

俾斯麦为普鲁士选择的第一个对手是北方小国丹麦。具体来说，他的目标，是丹麦属下的两个公国。他的理由，是有德意志民族生活在这里。但是，俾斯麦并不打算单凭普鲁士的力量去完成这个任务，而是与奥地利展开会谈，怂恿奥地利和普鲁士联手，以德意志兄弟的名义，一道对付丹麦，并且许诺战后平分胜利果实，将其中一个公国分给奥地利。这么做，当然不是因为普鲁士仅靠一己之力不足以干掉丹麦，而是因为俾斯麦有他的小算盘。

第一，拉拢位于自己南方的奥地利，一起攻打位于自己北方的丹麦，就能避免战争期间，奥地利在普鲁士背后捣乱。

第二，说服奥地利共同参与，能够分散外界对普鲁士攻打丹麦的指责，等于拉了一个垫背的。

至于第三点，我们待会儿就明白了，老谋深算的俾斯麦，其实是给奥地利下了一个套。

我们先回到这场战争上来。

1864 年，也就是太平天国起义失败的那一年，普鲁士、奥地利合伙向丹麦发起进攻。战争过程没有悬念，丹麦很快主动求和，交出了两个公国。俾斯麦倒是也说话算话，把其中一个分给了奥地利。

可是问题随即出现了。我们刚才说过，这两个公国比普鲁士还要靠北，奥地利与它们之间隔着整整一个普鲁士。眼下，相当于是奥地利跨越普鲁士的领土，占领了一块与本土隔离的飞地。

这就给了俾斯麦做文章的空间。普鲁士的下一个目标，已经锁定在了奥地利身上。

当奥地利沉浸在开疆拓土的喜悦中时，俾斯麦却没闲着。他要么亲自出马，要么派出使节，向周边的重要国家主动示好，还开出高昂的价码，以换取他们的支持。

为了打动英国，他宣称，普鲁士愿意与英国组建关税同盟，降低关税。

为了打动俄国，他提出，普鲁士将帮助俄国对内渡过难关，对外镇压波兰人民的起义。

为了打动法国，他暗示，普鲁士赞成法国吞并卢森堡、比利时等“讲法语的地区”。

为了打动意大利，他保证，普鲁士一定会帮助意大利人，从奥地利人手里夺回威尼斯。

在搞定了这四个唯利是图的邻国后，俾斯麦松了一口气，他终于可以专心对付奥地利了。

没过多久，俾斯麦就批评奥地利，对其奥属丹麦领地管理不善，以此为理由，要求奥地利把刚刚吞下去的肥肉吐出来，让给普鲁士。

奥地利当然不乐意了。于是，1866年的夏天，普鲁士和奥地利各自纠集了一帮追随自己的德意志小国，公开大打出手。结果，蓄谋已久的普鲁士，把老迈、腐朽的奥地利老大哥，打得毫无还手之力。

早在战争爆发前，俾斯麦就大力推动普鲁士扩军备战、采购新武器，这些准备被证明极具先见之明。来势汹汹的63万普鲁士大军，配备了当时最先进的M1841后装式步枪，每分钟可以发射10—12枪；相比之下，58.5万奥地利军队只装备有前装式步枪，每分钟仅能发射2枪。此外，普鲁士军队熟练利用铁路、电报等交通和通信工具，总能赶在奥地利军队之前，完成大军的调度和转移。

非但如此，被俾斯麦打动的意大利人，也配合普鲁士人趁火打劫，向奥地利发起进攻，导致奥地利在北线作战的同时，还要提防南方的来敌。

最后，战争只持续了7个礼拜，就宣告结束了，腹背受敌的奥地利人主动求和，向普鲁士认输。

换作是你，此时此刻，要如何处置奥地利呢？

一定会有人赞成，借着这个好机会，狠狠教训奥地利一番。

但是俾斯麦没有这么做，他的目光看得更远。密切关注欧洲动向的他，已经把注意力转移到即将面对的法国身上。等到普鲁士向法国摊牌的时候，他需要奥地利保持中立。

俾斯麦只是象征性地向奥地利索要了一点战争赔款，整个过程给足了奥地利面子。不用想，奥地利自然高兴极了，两国随即化干戈为玉帛。

至此，普鲁士已经成为德意志各国中当之无愧的带头大哥。可是要巩固这个地位，完成统一建国，光靠窝里横仍然不够，还必须说服欧陆的头号强国法国，承认自己的地位。

◆ 拿破仑三世的画像

国与国之间，要说服对方，当然要靠真理，但仅仅如此是不够的，还要敢于亮剑，只有亮出强大的兵力，才更有利于用真理说服对方。

这时的法国，正处于皇帝拿破仑三世的统治之下。

拿破仑三世是拿破仑的侄子，可惜的是，他没有伯伯的才华，却有伯伯的野心。眼看普鲁士飞速崛起，拿破仑三世早就想教训普鲁士一下了。更何况，普奥战争爆发前，俾斯麦向法国信誓旦旦做出的承诺，到头来被事实证明，全是些空头支票。

俾斯麦当然是故意的，他给法国人的，都是些口头承诺，从没有签订过书面协议。开口之时，就是一通打算抵赖的谎言。

骄傲的拿破仑三世被激怒了。既然这一仗迟早要打，不如趁着普鲁士羽翼未丰，早点开打。而在俾斯麦那边，他苦心经营多年，正是为了盼来这场较量。

双方可谓不谋而合。

1870 年，法国和普鲁士，这两个欧洲大陆的巨人，走上了战场。24 万法军和 40 万普军，在法国东北部的色当展开会战。

盲目自信的拿破仑三世充满信心，他逢人便吹嘘，法国的进军，只是到柏林的一次“军事散步”。结局却让整个欧洲大跌眼镜。在拿破仑三世御驾亲征的情况下，曾经战无不胜的法军，面对认真备战多年的普鲁士军队，一上来就被打蒙了。

普鲁士人自己也没想到，会赢得这么顺利，连法国皇帝拿破仑三世本人，也做了俘虏。9 月 1 日傍晚，拿破仑三世派人向普鲁士国王送来投降信：

“既然命运没有赏赐我死在军中，我除了把佩剑交到陛下的手中，别无他法。”

◆ 李鸿章旧宅克虏伯大炮模型

不过，普鲁士的胜利，是有理由的。此时的普鲁士，在工业革命的进程中，已经走在了法国的前头，这直接体现在了普鲁士军队的军事装备上。

普军配备有500多门新式的克虏伯大炮，比法军多出近1/3。法军的前装炮射速很慢，只能两分钟一发，射程只有1400米；而普军的克虏伯大炮，最大射程竟然达到3400米。于是，法军在普军的火炮轰击下，很快失去了抵抗能力，3万多法军阵亡，数十万法军沦为战俘。

顺便说一句，正是在普奥战争和普法战争中，接连见识了德式火炮的威力之后，晚清重臣李鸿章，才于1871年一口气购买了328门克虏伯大炮，用来装备他的私家武装——淮军。

普法战争结束后，俾斯麦再次故技重施。他对拿破仑三世礼遇有加，很快释放了这位法国皇帝。他并不想彻底激怒法国，更不想让普鲁士成为全欧洲嫉妒的对象。

中国人说“出头的椽子先烂”，还说“木秀于林，风必摧之”，这些都是放之四海而皆准的经验之谈。

普鲁士，或者说德意志地区，位于西欧的正中央。和平时这地方是欧洲繁荣的十字路口；打仗时它就成了无险可守的四战之地。东方，是虎视眈眈的俄国；东南方，是余威尚在的奥斯曼土耳其；南方，是与自己有过节的奥地利，还有刚刚建国急于崛起的意大利；西北方，是世界头号强国英国；至于西方，法国虽然被打败了，却依然瘦死的骆驼比马大。

当年的拿破仑强不强大？到底败给了全欧洲共同参与的反法同盟，所谓“双拳不敌四手”，“乱拳打死老师傅”，说的就是这个道理。

冷静、理智的俾斯麦，才不会盲目地称王称霸。他不愿意做其他国家瞄准的靶子，被所有人群起而攻之。闷声发大财，才是他的一贯风格。

俾斯麦没有过分羞辱和削弱法国，事后证明，是非常英明的选择。

按照战后和议，法国只需要让出洛林、阿尔萨斯两个省，他们遭受的最大惩罚，在于赔偿 50 亿法郎。俾斯麦的目标，不是要灭亡法国，或者是割占法国的领土，而是要拖住法国的经济，在国力上甩开法国。按照普鲁士人的计算，法国至少需要十几年，才能付清赔款，俾斯麦满心希望通过这笔赔款，能够拖垮法国的国力。

可是后来，法国究竟用了多长时间，付清这笔赔款呢？只用了 3 年。

战后，法国政府向国民发行了 3 笔累计 50 亿法郎的国债。在爱国情感的驱使下，数百万法国人争先认购国债，认购总额达到了惊人的 450 亿法郎，足以偿付 9 次赔款！

不管怎么说，法国毕竟是这个世界上第二个开展工业革命的老牌发达国家，藏富于民，可不只是说说而已。

◆ 高价拍卖的俾斯麦军帽

非但如此，因为丢掉了两个省，法国作家都德写下了《最后一课》，这篇连中国学生都耳熟能详的名作，唤醒了高卢雄鸡的复仇情绪，为“一战”埋下了伏笔。

即使这样，我们也不应责怪俾斯麦，他已经做到了一个成熟的政治家所能做到的一切。战争不是说说笑笑，战场上会死人，也因此，必然会招致一方的失败和仇恨。俾斯麦已经完美地把握了力道，他无可挑剔地用行动诠释了何谓软硬兼施、刚柔并济。

从 1664 年到 1870 年，在相继击败丹麦、奥地利、法国，并且以教科书一般的外交策略，取得各方认可之后，普鲁士终于可以实现统一德意志、建立德国的梦想了。

1871 年，德意志帝国宣告成立。德意志民族有了统一的祖国，分裂、内斗、为大国支配的局面，从此成为过去。

因为一席演讲，俾斯麦被誉为“铁血宰相”。又由于“铁”和“血”两个字，更容易吸引眼球，人们往往过分重视他治国、治军时的铁腕手段，却忽略了他善战而不好战的政治理念，以及纵横捭阖、富有弹性的外交技巧。

铁血宰相有着强悍、粗野的外表，却也自有其老辣、狡黠的内心。

（杨盛翔）

图书在版编目（CIP）数据

征服与冲撞的年代 / 花木僧主编；杨盛翔等著 .-- 北京：新星出版社，2022.3

（文明的故事；2）

ISBN 978-7-5133-4746-4

Ⅰ．①征… Ⅱ．①花… ②杨… Ⅲ．①世界史－通俗读物 Ⅳ．① K109

中国版本图书馆 CIP 数据核字 (2022) 第 004491 号

文明的故事（**第二卷**）

征服与冲撞的年代

花木僧　主编；杨盛翔　等著

责任编辑：姜　淮

产品经理：李金学

责任校对：刘　义

责任印制：李珊珊

装帧设计：冷暖儿

出版发行：新星出版社

出 版 人：马汝军

社　　址：北京市西城区车公庄大街丙3号楼　　100044

网　　址：www.newstarpress.com

电　　话：010-88310888

传　　真：010-65270449

法律顾问：北京市岳成律师事务所

读者服务：010-88310811　　service@newstarpress.com

邮购地址：北京市西城区车公庄大街丙3号楼　　100044

印　　刷：北京美图印务有限公司

开　　本：889mm × 1194mm　　1/16

印　　张：21.5

字　　数：268千字

版　　次：2022年3月第一版　　2022年3月第一次印刷

书　　号：ISBN 978-7-5133-4746-4

定　　价：78.00元
